글 스토리랩

'이야기 연구실'이라는 뜻의 스토리랩은 기획자, 작가, 편집자로 이루어진 창작 집단입니다. 각 분야에서 오랫동안 활동한 전문가들이 더 유익하고 새로운 콘텐츠를 만들기 위해 노력하고 있습니다. 주요 작품으로는 《손흥민 꿈을 향해 달려라》 시리즈, 《who? 스페셜 손흥민》 등이 있습니다.

그림 리버앤드스타 스튜디오

웹툰, 일러스트, 디자인, 애니메이션 등의 작품을 개성적이고 심미적으로 창조합니다. '리버앤드스타'는 문명의 근원지인 강가에서 사람들이 별을 쳐다보며 꿈을 꾸었다는 이야기에서 착안했습니다. 강호면 작가를 필두로 빛나는 별처럼 환상적인 창작물을 내놓고 있습니다.

감수 김양희

자칭 타칭 야구 광팬이자, 23년 차 베테랑 야구 전문가입니다. 똘망한 눈으로 경기를 시청하던 제주도 소녀는 그라운드 안팎을 누비는 기자가 되었습니다. 글을 쓴 책으로 《리틀빅 야구왕》, 《대충 봐도 머리에 남는 어린이 야구 상식》 등이 있습니다.

스 페 셜

오타니 쇼헤이

개정1판 1쇄 인쇄 2025년 2월 6일
개정1판 1쇄 발행 2025년 2월 19일

글 스토리랩 **그림** 리버앤드스타 스튜디오 **표지화** 신춘성 **감수** 김양희

펴낸이 김선식
펴낸곳 다산북스

부사장 김은영
어린이사업부총괄이사 이유남
책임편집 강푸른 **디자인** 김은지 **책임마케터** 김희연
어린이 콘텐츠사업1팀장 박정민 **어린이콘텐츠사업1팀** 김은지 박세미 강푸른
어린이마케팅본부장 최민용 **어린이마케팅1팀** 안호성 이예주 김희연
편집관리팀 조세현 김호주 백설희 **저작권팀** 성민경 이슬 윤제희 **제휴홍보팀** 류승은 박상준
재무관리팀 하미선 임혜정 이슬기 김주영 오지수
인사총무팀 강미숙 이정환 김혜진 황종원
제작관리팀 이소현 김소영 김진경 최완규 이지우
물류관리팀 김형기 김선민 주정훈 양문현 채원석 박재연 이준희 이민운

출판등록 2005년 12월 23일 제313-2005-00277호
주소 경기도 파주시 회동길 490
전화 02-704-1724 **팩스** 02-703-2219
다산어린이 카페 cafe.naver.com/dasankids **다산어린이 블로그** blog.naver.com/stdasan
종이 스마일몬스터 **인쇄** 민언프린텍 **코팅 및 후가공** 제이오엘엔피 **제본** 대원바인더리

ISBN 979-11-306-6600-6 14990

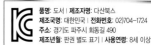

품명: 도서 | **제조자명:** 다산북스
제조국명: 대한민국 | **전화번호:** 02)704-1724
주소: 경기도 파주시 회동길 490
제조년월: 판권 별도 표기 | **사용연령:** 8세 이상

※ KC마크는 이 제품이 공통안전기준에 적합하였음을 의미합니다.

who? special

OHTANI

오타니 쇼헤이

글 스토리랩
그림 리버앤드스타 스튜디오
감수 김양희

다산
어린이

추천의 글

존 던컨 John B. Duncan
미국 UCLA 아시아언어문화학부 교수

한국학 분야의 세계적인 석학으로
미국 UCLA 한국학 연구소 소장 및
동 대학의 아시아언어문화학부교수를
겸직하고 있습니다.

자신만의 멘토를
만날 수 있는 who? 시리즈

다산어린이의 《who?》 시리즈는 어린이들은 물론 어른들에게도 재미와 감동을
주는 교양 만화입니다. 《who?》 시리즈는 전 세계 인류에 영향력을 끼친 인물들
로 구성되었으며 인물들의 삶과 사상을 객관적으로 전해 줍니다.

이처럼 다양한 나라와 분야에서 활약한 위인들의 이야기를 통해 과학, 예술,
정치, 사상에 관한 정보는 물론이고, 나라별 문화와 역사까지 배우게 될 것입니
다. 《who?》 시리즈의 가장 큰 장점은 위인들이 그들의 삶에서 겪은 기쁨과 슬픔,
좌절과 시련, 감동을 어린이들이 함께 느낄 수 있다는 것입니다. 어린이들은 이
책을 읽으면서 폭넓은 감수성을 함양하게 됩니다.

《who?》 시리즈의 어린이 독자들이 책 속의 위인들을 통해 자신만의 멘토를 만
나 미래의 세계적인 리더로 성장하기를 진심으로 응원합니다.

에드워드 슐츠 Edward J. Shultz
하와이 주립 대학교 언어학부 교수

하와이 주립 대학교 언어학부 교수인
에드워드 슐츠는 동 대학의 한국학센터
한국학 편집장을 역임한 세계적인
석학입니다.

세상을 더 나은 곳으로
만든 사람들의 이야기

어린이들은 자라면서 수많은 궁금증을 가지게 됩니다. 그중에서도 "저 사람은 누굴까?"라는 질문은 종종 아이들의 머릿속을 온통 지배해 버리기도 합니다. 다산어린이에서 출간된《who?》시리즈는 그런 궁금증을 해결해 주기 위해 지구촌 다양한 분야의 리더들을 소개하고 있습니다.

《who?》시리즈에 등장하는 인물들은 인종과 성별을 넘어 세상을 더 나은 곳으로 만든 사람들입니다. 어린이들은 이 책에서 디지털 아이콘으로 불리는 스티브 잡스는 물론 니콜라 테슬라와 같은 천재 발명가를 만날 수 있습니다.

책 속 주인공들의 어린 시절 이야기를 통해 기쁨과 슬픔, 도전과 성취감을 함께 맛보고, 그들과 함께 성장하면서 스스로 창조적이고 인류에 도움이 되는 사람이 되겠다는 포부와 자신감을 갖게될 것입니다. 《who?》시리즈 속에서 다채롭고 생동감 넘치는 위인들의 이야기를 만나 보세요.

차 례

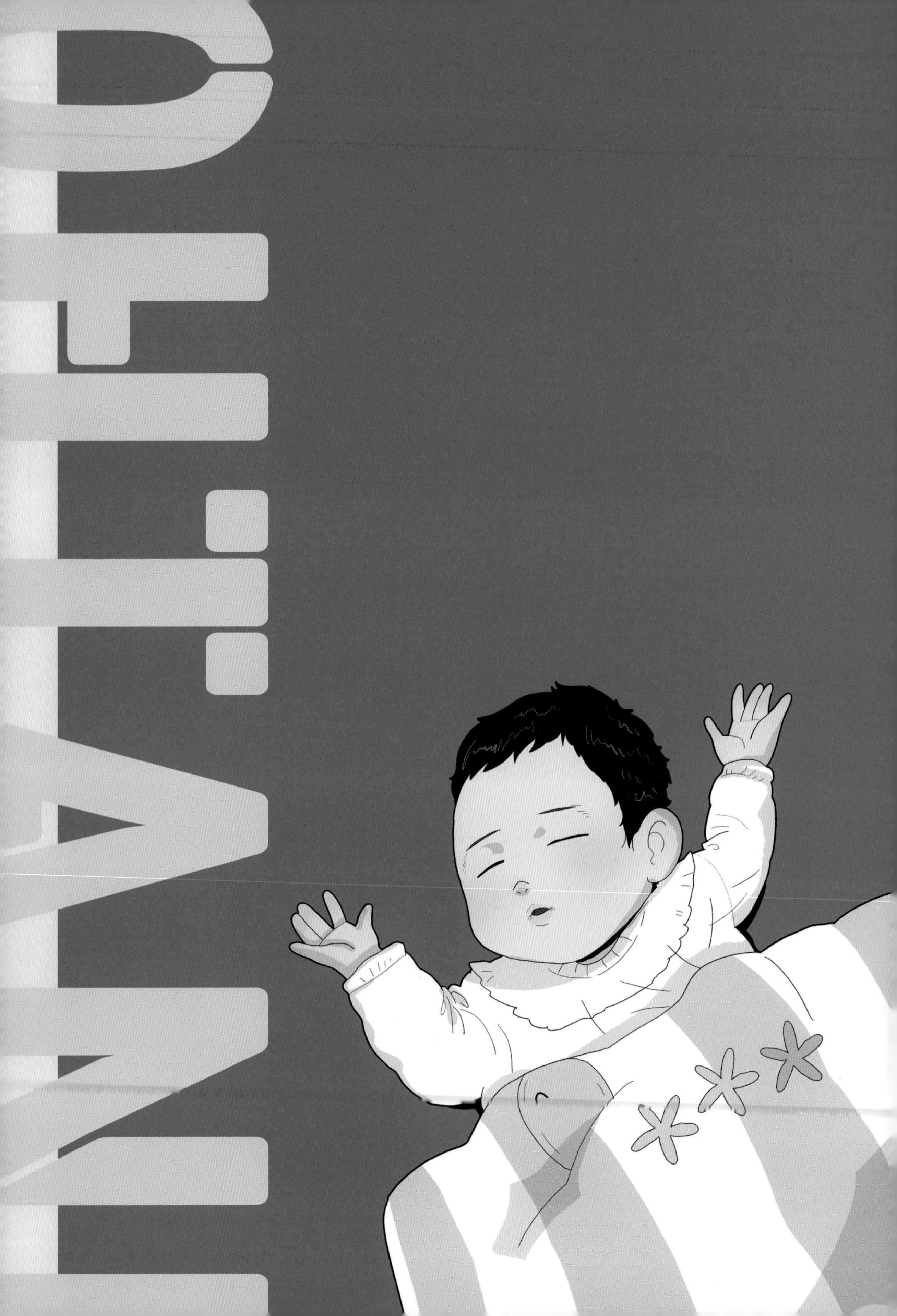

1장

잠자기가 특기인 소년

> 운동선수의 몸은 성장기부터
> 만들어지는 거야. 그리고 성장기에는
> 휴식이 그 무엇보다도 중요하고!
> 넌 아빠 같은 실수를
> 하지 않았으면 좋겠다.

1994년 7월 어느 날,
일본 이와테현 오슈시

아빠 차다!
왔어!

끼잉

다다다다

유카! 류타!

끼익~

엄마!

동생은?!

헉

헉

헉

여기 있지.
막 잠들었단다.

새근

새근

귀엽다!

신기해….

오타니 쇼헤이는 1994년 7월 5일
평범한 가정의 막내로 태어났습니다.

＊이 책에서는 쇼헤이라는 이름 대신 한국 독자들에게 익숙한
오타니를 이름으로 표기하였음을 밝힙니다.

9년 뒤

오하~암

그렇게 하품해서
어디 입이 찢어지겠냐?

응?

안녕하세요!!

일요일 아침부터
온 가족이 나오셨군요?

안녕하세요!
운동하러 갑니다!

휴일이라고 늘어져
있을 순 없으니까요.

운동치고!!

역시 운동선수 출신
집안은 분위기가 달라네요.
보기 좋아요!

껄껄

하하, 좋게 봐 주셔서
감사합니다.

벌써 한참 전
이야기인걸요.

하하하!

호호호

15

오타니의 부모님은 어린 시절 각각 야구와 배드민턴 선수로 활약했습니다. 그 덕분에 오타니는 온 가족이 운동을 즐기는 활기찬 분위기에서 자랄 수 있었습니다.

준비 운동 겸 운동장까지 가볍게 달리는 거 어때요?

좋아요!

오늘은 내가 일등 할 거야!

어림없는 소리!

참 보기 좋은 가족이야, 그쵸?

맞아요.

근데 우리 마을에 운동장이 있었던가?

운동장
10km ➡

헉!

야구공은 최대한 가볍게, 손가락 끝으로 잡는 것이 좋아.

이렇게!

그리고 공을 던질 때는 손목과 팔 힘뿐만 아니라, 몸 전체의 회전력을 이용해야 해.

잠시 후

다시 해 볼까?

응!

뷱

파

야!

오!

됐다!

아이쿠!

쨍 쿠랑!

윽!

헉!

초등학교 3학년이 되면서 오타니는 리틀 야구팀에 입단했습니다.

어때요?

오~ 유니폼을 입으니 꽤 그럴듯한걸?

녀석! 폼은 벌써 프로 야구 선수군.

보나 마나 팀에서 내 실력이 제일 좋을 거야.

에이~ 과연 그럴까?

왜 그렇게 생각하니?

난 아빠한테 미리 야구를 배웠잖아!

감독님도 내 실력을 보면 깜짝 놀라실걸?

응? 왜?

풋!

글쎄다. 감독님이 과연 놀라실까?

다음 날

멋지다!

이제 여기서 야구를 배운단 말이지?

오늘부터 우리 미즈사와 리틀 야구팀을 이끌어 주실

감독님을 소개합니다.

안녕하세요.

오타니 토오루입니다.

헉!

아빠가 여기서 왜 나와?

크큭

아

니

20

오타니가 처음으로 입단한 팀에서 만난 첫 번째 야구 스승은 다름 아닌 오타니의 아버지였습니다.

내가 감독으로 있는 한, 모두들 꼭 지켜 주기 바란다.

앞으로 함께 야구를 하면서 반드시 지켜야 할 규칙들을 말해 주마.

첫째, 크게 소리치며 힘차게 플레이할 것!

둘째, 늘 집중해서 캐치볼 연습을 할 것!

네!

네!

셋째, 경기 중에는 어떤 상황이든 항상 전력 질주할 것!

집에서 보던 아빠와는 다른 모습이야.

역시

멋지다!

모두 집합!

오늘도 훈련하느라 고생했다.

마지막으로 함께 외치고 해산하자.

어휴, 또야?

맨날 앵무새처럼 똑같은 소리셔.

….

플레이 할 때는?

아 짯

크게 소리치며 힘차게!!

캐치볼은?

늘 집중! 항상 열심히!

으아

어떤 상황에서도….

아 자!!

동료 선수들은 이 말을 감독의 잔소리 정도로 여겼지만, 오타니는 가슴 깊이 새겼습니다.

전력 질주!

아 자!!

어느 날

오늘따라 구경하는 사람이 많군요.

엥? 잊으셨어요?

오늘은 학부모가 훈련에 참관하는 날이잖아요!

그래서 훈련 내용에 특별히 신경 써 달라고 부탁드렸었는데…!

그랬나…?

그냥 하던 대로 할게요.

걱정되는군.

오늘은 *타격에 대해 배우기로 했지? 한 명만 나와서 *타석에 서 볼까?

저요!

거기 말고 왼쪽 타석에 서 볼래?

*타격: 투수가 던진 공을 배트로 치는 일
*타석: 타자가 공을 치도록 정해 놓은 구역

네!?

전 오른손잡이라서 이쪽이 편한데요?

아이가 불편하다는데 왜 굳이 왼쪽에 세우는 걸까요?

그러게 말이에요. 아이가 원하는 대로 하게 두는 게….

알아. 하지만 난 왼손 타격을 중심으로 가르칠 거다.

일반적으로 야구에서는

오른쪽 타석보다 왼쪽 타석에서 타격하는 것이 유리하다고 하지.

껄-

껄-

아!

물론 우리가 감독의 깊은 의도를 다 알 수는 없겠지만 말이야.

왼쪽 타석이 오른쪽 타석보다 1루까지의 거리가 한 걸음 정도 가깝고,

스윙 후에도 몸이 자연스럽게 1루를 향해 쏠려서 더 빨리 *출루할 수 있지.

오!

물론 우리가 감독의 깊은 의도를 다 알 수는 없겠지만 말이야.

껄-

뭐야, 뒷날은 똑같잖아!

*출루: 타자가 베이스에 나감

25

또, 보통은 오른손잡이 투수가 더 많으니 왼쪽 타석에 있으면 투수가 던지는 공을 조금이라도 더 오래 볼 수 있지.

큰 차이가 아닌 것처럼 느껴질 수도 있지만….

짧게 좀 말해요!

훽

좋다는 거지!

오늘 훈련 끝! 해산!

짝

짝

짝

학부모들 반응이 아주 좋아요!

특히 왼손 타격 위주의 수업에 아주 만족해 하셨어요.

헤헤ー

그래요?

이렇게 잘 준비하시고선 아깐 왜 모른 척하셨어요?

사실 그런 게 아니라….

그냥 내가 왼손 타자여서 그런 거예요. 오른손 타격은 잘 몰라요.

햇!

ㄱ, 그런 거였나요?

오타니,
넌 내일 훈련에는
나오지 않아도 된다.
집에서 쉬어.

네?

내일은 시합 대비
특별 훈련이잖아요.

빠지면
안 되죠!

아니,
넌 훈련 제외야.

이건 팀 감독이 아니라
네 보호자로서 말하는 거다.

도대체 왜요?
이유가 뭔데요!

전에도 말했었지?
야구 훈련은 일주일에
딱 이틀뿐이라고.

!

시합을 앞두고
있으니까
이번 한 번만…!

안 돼.

아둥

바둥

아빠
미워!

콰

앙!!!

이럴 때 보면
여전히 애라니까.

휴

오타니가 이해하도록
설명이라도 해 주지 그래요?

이젠 그래야
할 것 같지?

오타니의 아버지가 이런 규칙을 만든 이유는
자신의 경험 때문이었습니다.

훌쩍

훌쩍

잠깐
들어가마.

너처럼 아빠도 어린 시절에
야구 선수의 꿈을 키웠단다.

스-읍

그건 알죠….

하지만
프로 무대 진출에는
끝내 실패했지.

이건 처음 듣는
이야기일걸?

털썩

!

어깨 부상이
결정적인
이유였지만,

그것보다
나에게 결정적으로
부족했던 게 있었어.

29

바로 몸이었어.
야구 선수, 특히 프로로서
갖춰야 할 신체 조건을

지금까지는
어땠을지 몰라도
프로 무대에서는
적합하지 않아요.

제대로 갖추지
못했던 거지.

키는 크지만 비실비실해.
힘이 부족해요.

어린 시절,
뛰어난 야구 선수가
되고 싶다는
열망에

너무 많은
훈련을 한 것이
오히려 독이
된 거야.

아…!

운동선수의 몸은
성장기부터 만들어
지는 거야.

성장기에는
휴식이 그 무엇보다도
중요하고!

넌 아빠 같은 실수를
하지 않았으면 좋겠다.

네….

아깐 화내서 죄송해요.

아니다.
네 마음은 누구보다도
아빠가 잘 알지!

야구를 하지 않는
날에는 모든 걸
다 잊고 무조건
밖에서 신나게
놀도록 해.

네!

그날 이후, 야구 훈련이 없는 날이면
오타니는 밖에서 실컷 뛰어놀다 들어
오곤 했습니다.

와아아아ー

다녀왔습니다!

윽!

엉망진창이 됐구나.

저녁은 언제 먹어요?
배고파요!

으~ 땀 냄새!
씻기나 해.

잠시 후
오타니, 저녁 다 됐….
쉿!
쿨~
체력이 완전히 바닥났나 봐요.
앉자마자 기절하듯 잠들지 뭐예요.
오늘은 그냥 재우는 게 좋겠어요. 내가 방으로 옮길게요.
읏샤
저녁은 어쩌죠?
이 녀석, 지금 배고픈 것도 모를걸요?
엥?
며칠 뒤
밥!
밥 줘요, 밥!
밥!
밥!
잠깐만 기다려.
그새 자니?!
커—어

며칠 뒤

이 녀석, 이번엔 여기서 잠들었어?

끄응…
이제 무거워서 들지도 못하겠네.

웃-!

요즘 들어 부쩍 자란 느낌이에요.

잘 먹고, 잘 쉬고, 적당히 운동한 덕분이겠지요.

드르렁

드르렁

이 방법밖에 없군.

질질질 쿵

질질질 쿵

다음 날

어디에 부딪혔는지 기억이 전혀 안 나요.

팅

팅

조… 조심 좀 하지 그랬니?

그, 그러게.

하 하

하 하

33

야구의 역사

한국인이 가장 사랑하는 스포츠 야구. 다른 스포츠에 비해 역사는 짧지만, 독특한 규칙의 매력으로 단숨에 세계인을 열광시켰답니다. 야구가 어떻게 발전해 왔는지 야구의 역사를 알아봅시다.

하나 야구의 시작

공과 방망이를 이용한 경기는 정확한 시작을 찾을 수 없을 정도로 오래전부터 이집트, 그리스, 로마, 인도 등에서 치러졌어요. 야구를 뜻하는 '베이스볼(Baseball)'은 1744년 영국의 동화책 《작고 귀여운 포켓북》에서 처음 쓰였어요. 오늘날의 야구와 가장 비슷한 규칙을 가진 게임은 16세기부터 영국 동남부에서 발전한 '크리켓'이에요. 크리켓은 11명으로 구성된 두 팀이 교대로 공격과 수비를 하며 방망이로 공을 쳐서 득점하는 게임이에요. 이후 크리켓은 영국에서 '라운더스'로 발전하는데, 베이스가 있는 다이아몬드 모양의 내야, 안타와 파울과 같은 룰이 지금의 야구와 비슷한 형태를 띠고 있답니다.

야구의 기원으로 알려진 크리켓

둘 미국에서의 흥행과 발전

야구는 미국으로 건너가 오늘날의 모습으로 완성되었어요. 1845년 최초의 야구팀이라 불리는 '뉴욕 니커보커스'가 알렉산더 카트라이트에 의해 창단되었고, 팀 구성원들이 지켜야 할 공식적인 경기 규칙인 '니커보커 규칙'이 만들어졌어요. 니커보커 규칙은 현대 야

구의 기본적인 규칙이 되었어요. 1860년대에 들어 미국에서 야구는 대중적으로 자리를 잡았어요. 1869년에는 최초의 프로 야구팀 '신시내티 레드스타킹스'가 창단되었고, 2년 후인 1871년에는 '전미프로야구선수협회'가 창설되었답니다. 이후 미국 전역에서 야구팀이 생겨났고, 야구는 오락으로서 미국인에게 사랑받기 시작했지요.

셋 한국 야구의 역사

우리나라 야구는 대한 제국 시기인 1904년 미국인 선교사 필립 질레트가 황성기독교청년회(YMCA)의 회원들에게 알려 주며 시작되었어요. 한국 야구는 광복 후 본격적으로 자리를 잡기 시작했어요. 1946년 '조선야구협회'가 출범한 뒤 그해에 바로 '전국중등학교야구선수권대회'가 처음 개최되었지요. 이 대회는 '청룡기'라는 이름으로 아직까지 해마다 프로 야구 선수를 꿈꾸는 고등학생들을 중심으로 역사를 이어 오고 있어요.

한국 전쟁을 거치며 야구의 성장이 잠시 주춤하기도 하였지만, 미국과 일본 프로 야구팀의 초청 경기 등을 통해 야구의 수준과 대중의 관심은 꾸준히

발전했어요. 1960년대에 들어 조흥은행, 크라운맥주 등의 기업들이 야구팀을 연달아 창단하며 한국 야구가 폭발적으로 성장했던 시기를 거쳐 1982년 프로 야구가 출범하고 한국야구위원회(KBO)가 탄생했어요.

한국 프로 야구의 시작은 전국에 뿌리를 둔 6개 팀으로 구성되었어요. 지역마다 연고를 가진 팀들 덕분에 탄생과 동시에 국민적인 사랑을 받으며 국내 최고 인기 스포츠로 자리잡았어요.

세계적인 수준의 한국 야구

한국은 프로 야구가 시작된 지 20년 만에 세계 1, 2위를 다투는 실력을 갖췄어요. 2008년 올림픽에서 한국 야구 대표팀은 전승으로 금메달을 거머쥐며 정상에 올랐고 2009년 월드 베이스볼 클래식(WBC)에서 준우승, 2015년 WBSC 프리미어 12에서 우승하며 세계 대회에서 종주국인 미국과 어깨를 나란히 할 실력을 발휘하고 있답니다. 또한, 박찬호 선수를 시작으로 한국 선수들의 미국 프로 리그 진출도 꾸준히 이어지고 있어요.

1982년 열린 한국 프로 야구 개막전 MBC 청룡 대 삼성 라이온즈

2장

아버지와 아들, 혹은 감독과 선수

> 전 경기에 반드시 나갈 거예요.
> 떳떳하게, 실력으로!
> 사람들의 의심을 받지 않으려면
> 압도적인 실력을 갖추면 돼요!

혁, 혁… 꽤 힘들지?
이제 좀 쉴…

조금만 더요.

뭐?

이제 내가 오타니의
체력을 못 당하겠군.

저기…
토오루씨죠?

잠깐 대화 좀
나눌 수 있을까요?

누구시죠?

저 사람은 누구지?

그럼 좋은 결과 기다리겠습니다.
꼭 연락 주십시오.

꾸벅

네,
고민해 보겠습니다.

하나마키시에 있는 중학교의
야구 감독이라는구나.

누구예요?

네가 그 학교로
꼭 와 줬으면 좋겠대.

거긴 여기서
꽤 멀잖아요?
굳이 왜….

선수로서
네 가치를 높게
평가한 모양이지.

제 실력이
그 정도는
아닌데.

부끄럽네요, 정말!

헤헤

겸손

말만 겸손하지 어깨는 아주 거만하잖아!

그런데 사실 아빠는 네 중학교 야구 계획을 벌써 생각해 놨단다.

오!

역시 아빤 계획이 다 있었구나!

척

구체적으로 이야기 좀 해 주세요! 저의 중학교 야구 계획!

그냥 하던 대로 하는 거지, 뭐.

잇힝!

그, 그렇구나.

중학교 야구부에선 네가 지금까지 한 것보다 훨씬 많은 훈련을 시킬 거다. 난 그런 점은 반대야.

끄덕

척!

아버지는 오타니가 중학생이 되어도 여전히 성장기이므로 기술 연습보다 충분한 휴식이 중요하다고 생각했습니다.

두근

조금 아쉽지만 아빠 말씀이 옳아.

두근

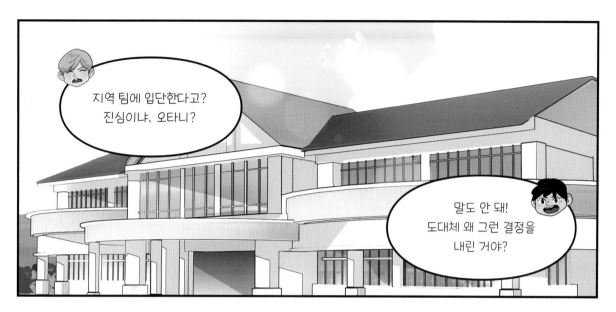

지역 팀에 입단한다고?
진심이냐, 오타니?

말도 안 돼!
도대체 왜 그런 결정을
내린 거야?

지역 팀은 그냥 취미로
하는 야구단이라고!

하아ㅡ

그 먼 학교에서도 너를
스카우트하러 왔었다면서!
아깝다, 정말!

헤헤ㅡ

어쩌다가 그런 멍청한
결정을 내린 거야?

헤ㅡ

푸

해ㅡ말
앗!

아빠가
추천하셨어.

힉!

나같이 멍청한 일반인은 아버님이 훌륭한 결정을 이해 못 할 때가 많다는 뜻이었어.

태세 전환이 빠르군!

하하

그래도 아빠가 감독이던 리틀 야구단에 있을 때보단 훨씬 더 많이 연습할 수 있어! 난 그것만 해도 벌써 기대된다고!

히힛

중학생이 된 오타니는 이치노세키 리틀 시니어라는 팀에 들어갑니다.

웅성 웅성

안녕하세요, 시니어 야구팀의 감독을 맡게 된 토오루 쇼헤이입니다.

이치노세키 리틀 시니어

아, 아빠가 어째서 또 여기에…?

힝!

넌 아빠의 손바닥 안이란다!

후후

후후후

이제 야구 실컷 해 보나 했더니….

오타니의 아버지는 중학생 오타니가 속한 지역 팀의 감독으로 자리를 옮겼습니다.

중학생이 됐으니 이제 매일 훈련할 수 있게 해 주마.

단, 주중에는 두 시간을 넘기지 말고, 주말에는 식사와 휴식 시간 포함해서 열 시간 이내로! 어떠냐?

우아, 정말요?

좋아요! 근데 자세한 건 내일 마저 이야기해요.

오늘은 이만 자야겠어요.

하

암—

엥?

벌써?

아~함! 늦게 자니까 다음날 너무 피곤하더라고.

으쟈—아—

그… 그래.

쩌째깍

—9—

쩌째깍

당신이 바라던 대로 됐군요?

훗—

그래요!

43

적당한 훈련과 충분한 휴식을 취하는 패턴에 익숙해진 거죠.

두고 봐요, 난 오타니가 그 누구보다 뛰어난 신체 조건을 가진 선수가 되도록 할 테니까요.

음냐

쿠울~

아버지는 자신의 경험을 바탕으로 오타니의 야구 실력을 키우면서도 성장하는 데 방해받지 않도록 세심하게 휴식과 훈련을 조절했습니다.

와구 와구

허덕 허덕

흠~

커~

오타니 역시 아버지의 양육과 훈련 방식을 잘 따라 주어 초등학교 졸업 당시 167센티미터였던 키가 중학교에 다니는 동안 10센티미터 이상 자랐습니다.

알겠어?
중심축이 중요해.

오타니, 중심축이 흔들리잖아!
그러면 모든 밸런스가 무너져!

콩!

찌

릿

감독님이 유독
오타니만 세세하게
지도해 주는 느낌이
들지 않아?

나만
느끼는 건가?

아니,
그렇지 않아.

탁-

감독님은
그러실 분이 아니야

아들이니
그럴 수밖에.

그뿐만이 아니야.
감독님은 항상
나를 제쳐 두고
오타니만 *선발 투수로
뽑는다고.

쳇!

잉?

휴―우

그건 그냥 네가
못해서 그래.

내가 감독이라도
그랬을 거야….

하하

끄덕

끄덕―

후!
그런 거였나?

자―

오늘 훈련 끝!

모두 수고했어.
내일 보자!

두리번

두리번

*선발 투수: 야구에서 1회에 첫 타자부터 상대하는 투수

46

왜 그러지?
내가 뭘
잘못했나?

음—

감독님이 자기 아들만
특별 대우를 한다더군요!

시니어팀에서는 선수 오타니와 감독인 아버지의 관계를
불편하게 여기는 사람들이 있었습니다.

감독 나오라
그래요!

그럴 리가요!
그런 일은 절대 없습니다.

감독님이
그럴 분도 아니고요.

하

하

요즘 어떠니, 오타니?
힘든 건 없고?

그럼요!

터덜

터덜

아빠가 참 난감했는데…
고맙다.

헤헤

별말씀을요.

어? 저기 감독님과
오타니 아냐?

맞네!

으얏!

이 녀석!!

힉!

찡긋!

흥!
인사를 하든 말든
제 맘이라고요!

찡긋!

감독님을 봤으면 이렇게 고개
숙여서 인사를 해야 할 것 아니냐?
어디 버르장머리 없이!

굳이 뭐
저렇게까지….

연기하는 거
다 티나.

오타니가 중학교 3학년이 되자 여러 팀에서 스카우트 제의가 들어오기 시작했습니다. 이 중에는 오타니가 사는 이와테현의 학교뿐만 아니라 다른 현의 고교 팀도 있었습니다.

오타니 선수, 잠깐 시간 좀 내 주세요!

우리 학교로 와 줘요!

이것 좀 받아 주겠어요?

와글

와글

와글

고등학교 선택은 신중해야겠죠?

맞아요. 본격적인 야구를 시작하는 때니까….

후ー

당신은 오타니가 어디로 갔으면 좋겠어요?

지금까지는 오타니가 나를 잘 믿어 줬으니, 이제 우리가 오타니의 결정을 따라야 할 때예요.

근데 오타니는 이미 결정을 한 것 같던데요?

?

와

와

와

이즈음, 오타니는 2009년 일본 고교 야구계 최고의 스타인 기쿠치 유세이 선수에게 빠져 있었습니다.

와아

아아!

花巻東

하나마키히가시 고교의 왼손 에이스, 기쿠치 유세이가 마운드에 모습을 드러냈습니다!

나왔다!

아빠, 기쿠치 선수의 투구 보셨어요? 정말 멋져요!

알다마다! 기쿠치는 괴물이라 불릴 만하지.

전 기쿠치 선수가 우리 이와테현 사람이라는 사실에 더 놀랐어요!

파 앗!

이런 대단한 선수는 오사카나 요코하마 같은 곳에서나 나올 줄 알았는데….
정말 대단하지 않아요?

그래, 주로 강팀이 있는 지역에서 좋은 선수들이 나오곤 하니까.

이와테현에서 이렇게 많은 사람이 열광하는 광경은 처음 보는군요!

그렇죠, 이 지역에서 이런 굉장한 스타가 나온 것은 처음이니까요!

슈샷!

화르르르ー

나도 기쿠치 선수처럼 되고 싶어!

기쿠치 선수에게 한껏 빠진 오타니는 그를 따라 하나마키히가시 고등학교로 진학을 결정했습니다.

야구의 이해

운동장 위에서 펼쳐지는 두뇌 싸움!
야구는 신체적인 기량은 물론 다양한
수싸움이 동시에 벌어지는 게임입니다.
알면 알수록 재미있는 야구의 규칙과
기술에는 어떤 것이 있을까요?

하나 특별한 야구 규칙

야구는 정해진 시간 없이 두 개의 팀이 번갈아 공격과 수비를 진행해요. 공격과 수비를 한 번씩 주고받으면 한 회가 종료되고, 기본적으로 9회까지 경기가 진행되었을 때 더 많은 점수를 낸 팀이 이기는 게임이에요. 한 회에서 공격 팀은 세 번 아웃되기 전까지 공격의 기회를 유지하고, 반대로 수비 팀은 세 번의 아웃을 잡아내면 공격 기회를 가져올 수 있어요. 아웃되지 않고 점수를 내기 위해 타자는 투수가 던진 공을 방망이로 치고, 공보다 빨리 베이스에 도착해야 해요. 부채꼴의 경기장에는 1루, 2루, 3루, 홈 베이스가 다이아몬드 모양으로 놓여 있고, 타자가 홈에서 공을 친 후 세 개의 베이스를 돌아 다시 홈으로 돌아오면 1점을 내게 되지요.

다이아몬드 모양의 각 베이스가 있고,
한가운데 투수가 공을 던지는 곳이 마운드.
흙이 깔린 곳이 내야, 넓은 잔디밭이 외야다.

둘 공을 던지는 투수

야구는 투수가 포수에게 공을 던지는 것에서부터 시작돼요. 투수가 공을 던지는 행위를 '투구'라 부르는데,

투구가 좋을수록 점수를 잃지 않을 확률이 높아지기에 수비에서는 투구가 가장 중요해요. 투수의 역할은 타자의 가슴에서 무릎 사이로 공을 던지면서도 타자가 공을 칠 수 없게 만드는 것이에요. 투수는 경기의 문을 여는 선발 투수, 그리고 경기의 후반을 책임지는 불펜 투수로 나뉘어요.

셋 공을 치는 타자

투수의 투구가 아무리 정교하더라도 타자의 목표는 그 공을 치는 것이지요. 한 경기에서 아홉 명의 타자가 방망이를 들고 타격에 나서고 공을 쳐서 담장을 넘기면 '홈런', 공을 쳐서 경기장 안에 떨어지면 '안타'라 불러요. 한 회에서 세 명의 타자가 아웃되기 전까지 타자들은 공이 방망이에 맞으면 일단 베이스를 향해 달리고, 경기장 안에 떨어진 공보다 먼저 어느 베이스에 도착하느냐에 따라 1루타, 2루타, 3루타가 돼요. 베이스에 나가 있는 타자는 '출루'에 성공한 '주자'라고 부르는데, 주자는 다음 타자가 공을 치면 다시 다음 베이스를 향해 공보다 먼저 도착하기 위해 뛴답니다. 한 베이스 더 앞으로 나아가는 행위를 '진루'라고 부르고, 진루를 통해 홈까지 돌아오면 점수를 얻게 돼요.

넷 공을 잡는 수비수

타자가 친 공이 모두 안타가 되진 않아요. 공격과 수비를 교대하는 야구에서, 공격을 마친 타자는 수비수로 변신한답니다. 상대 팀의 타자가 친 공이 땅에 떨어지기 전에 수비수들은 몸을 날려 공을 잡아 아웃시켜요. 공이 떨어졌더라도 주자보다 먼저 베이스에 공이 닿으면 주자는 아웃이기 때문에 빠르게 주워 던지고요. 수비수는 투수와 마주 보고 앉아 던질 공에 대해 사인을 주고받으며 수싸움을 하는 포수, 내야수, 외야수로 나뉘어요. 내야수는 홈부터 3루까지 다이아몬드를 그리는 '내야'에서 수비해요. 외야수는 내야에서 담장 사이의 넓은 잔디밭을 지키며 멀리 뻗어 가는 공이 2루타나 3루타로 이어지지 않도록 수비하지요.

3장

눈앞의 성적보다 중요한 것

> "
>
> 지금은 이기기 위한 시간이 아니라,
>
> 미래를 준비하는
>
> 시기가 되어야 한다는 게
>
> 내 생각일세.
>
> "

2010년 하나마키히가시 고등학교

사사키 감독님, 이것 좀 보세요.

헛둘!

헛둘!

헛둘!

뭔데 그래?

신입생들 정밀 신체검사 결과예요.

오타니의 성장판이 아직 열려 있더라고요.

10대 후반까지 계속 성장하는 선수는 종종 봤지만, 오타니는 이미 덩치가 저렇게 큰데도….

그렇군.

아직 성장의 여지가 남아 있다면…!

흠一

당장 의사를 만나야겠어. 자네도 함께 가자고.

꼬꼬고!

어엇… 네!

뼈 나이와 성장판 상태를 봤을 때, 앞으로 5센티미터까지는 더 자랄 수 있을 것 같습니다.

우아一

5센티미터나요?

그냥 지켜보고만 있어서는 안 되겠군.

흠一음

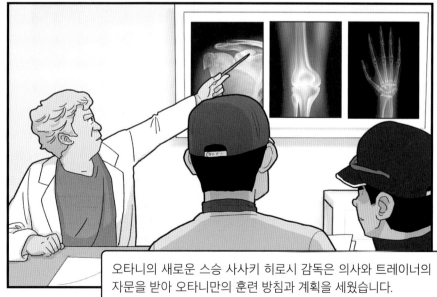

오타니의 새로운 스승 사사키 히로시 감독은 의사와 트레이너의 자문을 받아 오타니만의 훈련 방침과 계획을 세웠습니다.

우린 고교팀 감독이자 코치로 여기에 계속 남겠지만, 선수들은 장차 더 큰 무대로 진출해야지!

지금은 이기기 위한 시간이 아니라, 미래를 준비하는 시기가 되어야 한다는 게 내 생각일세.

그러니 당장 눈앞의 승리를 위해 선수들의 몸을 혹사해서는 안 돼.

성장할 기회가 있다면 더욱!

아-

맞습니다. 제 생각이 짧았어요.

별말을. 자네 입장도 이해해.

사실 나도 고민했으니까.

사사키 감독은 팀의 성적보다는 어린 선수들의 신체적, 정신적 성장을 중요하게 여기는 지도자였습니다.

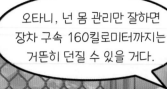

오타니, 넌 몸 관리만 잘하면
장차 구속 160킬로미터까지는
거뜬히 던질 수 있을 거다.

네, 알겠습니다!

하지만 앞으로
네 키가 더 클 수 있다고 하니
몸을 너무 혹사하지 않는 것이
좋겠구나.

그래서 난 지금 당장은 너를
투수로 내보내진 않을 거다.
이해해 주기 바란다.

오히려 배려해 주셔서
감사합니다!

사사키 감독님은 아버지와
비슷한 가치관을 가지셨구나.
좋은 분을 만나게 되어
정말 다행이다.

후후—

모두 집합!

자!

한 주 동안 모두 수고했다.
주말에는 푹 쉬도록.

넵!

만다라트 계획표는 일본의 경영 컨설턴트인 마쓰무라 야스오가 개발하고 디자이너 이마이즈미 히로아키가 발전시킨 사고 기법이었습니다.

얼마 뒤

제 만다라트 계획표입니다.

오, 역시 모범생 오타니! 숙제도 일등이군.

자—
어디 한번 볼까?

어— 엇!

쏵쏵

한 장으로 '무리!'
콱
오… 오타니, 꿈이 아주 대단하구나!
앙!

오타니가 웬일이죠?
아직 안 자고 있다니….

응?

아주 중요한 계획을 세우고 있으니
방해하지 말라더군요.

오타니의 만다라트 계획표에서 눈에 띄는 큰 목표는 세 가지였습니다.

둘째,
고교 대회에서 우승하기.

첫째,
구속 160킬로미터까지
던지는 투수가 되기.

셋째,
고등학교 졸업 때 최소
8개 구단으로부터 지명받기.

오타니, 이 녀석!
순수하면서도 한편으로는
대단한 야심이 있군.

왜요?

뭐라고 썼는데요?

이 정도는 야구 선수라면
누구나 생각해 봤을
평범한 목표 아닌가요?

그렇게 보일 수도 있지.
그런데 지금 오타니의 목표는
기쿠치 선수를 정조준하고 있다고.

사사키 감독은 만다라트 계획표에 담긴 오타니의
생각을 알아채고 내심 감탄했습니다.

흠

기쿠치를요?

스피드
160km/h

먼저, 이 부분!

160킬로미터 구속은 오타니의 목표이기 전에 기쿠치의 목표이기도 했어. 하지만 끝내 넘지 못했지. 물론 오타니도 그 사실을 알고 있고.

그리고 여기! 기쿠치는 대단한 활약을 했지만, 고교 대회에서는 끝내 우승하지 못하고 졸업했지.

몸 만들기

척 고교 우승

8구단 드래프트 1순위

160km/h

공교

인간성

마지막으로 여기! 기쿠치는 6개 구단에서 1순위 지명을 받았었다네.

그래서 오타니가 기쿠치보다 더 많은 8개 구단 지명을 목표로 한다?

바로 그거야.

오타니 녀석! 기쿠치 선배를 그렇게 동경하고 좋아하면서도….

에?

그래, 한편으로는 기쿠치를 뛰어넘겠다는 야심이 있는 거지.

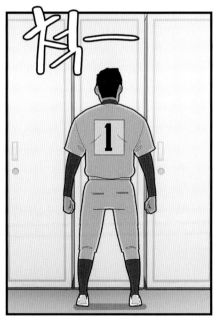

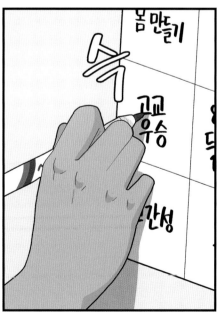

예상치 못한 부상으로 당분간 투구를 할 수 없게 된 오타니는 타격 연습에 집중하게 되었습니다.

자세가 중요해—

네—

그동안 투수만 생각했는데 의외로 타격도 재미있는걸?

까—앙

줄곧 투수로 활약했던 오타니는 타격에서도 본격적으로 실력을 드러내기 시작했습니다.

이 정도면 아예 타자로 뛰어도 되겠는데요?

타고난 재능에 밤낮으로 연습했으니까.

웅성

웅성

저 녀석은 야구가 아니라 다른 스포츠를 했어도 크게 됐을 거야.

에헤이! 감독님 덕분에 야구 선수로 성장한 거예요.

2012년 봄 전국 고교 야구 대회 32강

재미있는 상황이군요! 하나마키히가시 고교의 오타니 쇼헤이가 후지나미 신타로 투수와 마주 섰습니다.

두 선수는 각 팀의 투수로 유명한데요, 이번에는 타자와 투수로 맞붙었네요.

타격에서도 재능을 발견했다는데, 과연 어느 정도인지 보고 싶네요.

오타니 선수는 부상 때문에 투구를 할 수 없어 지난해 가을부터 타격 훈련에 집중했다고 합니다.

현재 상황은 2볼 2스트라이크!

과연 결과는 어떻게 될 것인가! 후지나미, *와인드업…!

*와인드업: 야구에서 투수가 공을 던지기 전에 팔을 드는 동작

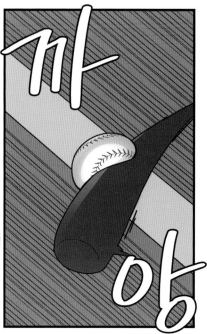

오타니는 다음 해 봄에 열린 전국 고교 대회에서 라이벌 투수로 손꼽히던 후지나미 신타로 선수를 맞이하여 멋진 홈런을 때려 냈습니다. 이 홈런은 투수뿐만 아니라, 타자로서 오타니의 가능성도 보여 준 기념비적인 사건이었습니다. 이닐 이후 타자로서 활약하기 시작한 오타니는 고등학교 졸업 전까지 총 56개의 홈런을 기록했습니다.

알고 보면 쓸모 있는 야구 용어

야구는 아는 만큼 보이고, 보이는 만큼 재미있는 스포츠예요. 야구에서 흔히 쓰이는 용어들을 살펴보고 야구를 더 깊이 이해해 봅시다.

하나 타율

타자가 타격한 횟수에 대비해서 몇 번의 안타를 쳤는지에 대한 점수를 말해요. 1을 만점으로 타율이 0.5라면 두 번 중 한 번은 안타를 쳤다는 의미예요. 대개 0.2~0.4의 타율을 기록해요.

둘 타점

안타 등으로 낸 점수를 더한 값이에요. 주자가 없는 상황에서 홈런을 치면 1점이지만, 1~3루에 주자가 있을 때 홈런을 치면 4점이기에, 타점이 높을수록 점수를 잘 내는 타자라는 의미죠.

셋 희생번트

번트를 시도하는 타자

출루한 주자를 한 베이스 더 보내는 '진루'를 위해 타자 본인이 아웃되는 걸 감수하고 내야에 공을 떨어트리는 타격을 뜻해요. 데굴데굴 구르는 느린 공을 주워 타자를 아웃시키는 동안 출루한 주자는 한 베이스를 더 나아가 홈에 가까워질 수 있어요.

평균 자책점

9회를 기준으로 투수가 평균적으로 내준 점수를 의미하는 투수의 성적표예요. 3회를 던져 1점을 내줬다면 9회까지 던졌을 때는 3점을 내준 셈이라 평균 자책점은 3이 된답니다.

 희생플라이

번트와 비슷하게 본인이 아웃될 걸 감안한 타격이지만, 내야가 아닌 외야에 느린 공을 쳐서 주자를 진루시켜요. 잡기 쉬운 공을 쳐서 본인은 아웃되지만 주자는 한 베이스 더 나아갈 기회를 얻어요. 희생번트와 희생플라이를 '희생타'라고 칭해요.

 몸에 맞는 공

투수가 공을 잘못 던져서 타자를 맞추는 것을 뜻해요. '사구'라 부르기도 하는데, 투수의 실책이 명확하기에 타자는 타격 없이도 1루로 나갈 수 있어요.

 도루

방망이로 공을 쳐야만 주자가 진루할 수 있는 건 아니에요. 공을 들고 있는 투수가 투구를 위해 집중하는 순간, 시선을 피해 베이스를 훔치는 것을 도루라 불러요.

 병살타

한 번의 수비로 디지와 주자 모두를 아웃시킬 수도 있어요. 타자가 친 공이 빗맞아서 수비수 바로 앞에 떨어진다면, 타자와 주자가 베이스에 도착하기 전에 각 베이스에 공을 보내 병살타가 되지요. 가끔 세 명의 타자와 주자들을 한번에 아웃시키는 상황이 나오기도 해요.

 폭투

투수가 공을 포수가 잡을 수 없을 정도로 높거나 낮게 던지는 것을 말해요. 포수가 공을 제대로 받지 못해 공이 땅에 떨어지면 주자들이 베이스를 옮겨갈 기회가 생겨요.

 지명 타자

공격할 때 투수 대신 타석에 서는 타자를 '지명 타자'라고 해요. 투수가 공을 던지는 데 집중할 수 있게 보호하는 제도이지요. 한국 프로 야구 리그를 포함한 대부분의 리그에서 지명 타자 제도를 적용하지만, 지명 타자를 쓰지 않는 리그도 있어요.

4장

선택의 갈림길에서

> 누구도 성공하지 못한 투타 겸업!
> 이도류에 도전하는 것이
> 메이저 리그 진출만큼이나
> 매력적이고 가치 있는 일이라고
> 생각합니다.

2012년, 어느 날

흠—

오늘따라 늦는군.

응?

빨리빨리 오지 못해?

오늘은 7분이나 지각이구나.
3학년 선배다 이거냐?

하하,
기다리시는 줄 몰랐어요.
죄송해요.

헤헤—

헛둘

헛둘

잔소리하긴 싫지만 모든 변화는 사소한 것들에서부터 시작한단다. 몇 분이 모이고 쌓이면 며칠, 몇 주가 된다고!

명심하겠습니다!

그리고 요즘 네 투구 자세가 조금 변한 것 같은데 한번 확인해 보는 게 좋을 거야.

엇, 그래요?

저 분은 누구야?

몰라. 근데 하루도 빠지지 않고 오타니를 찾아오더라?

무슨 부모님이나 감독이라도 된 것처럼 잔소리를 하네.

아샷!

더 성실히 움직여라, 오타니!

그런데도 오타니는 그저 웃기만 한다니까? 착해 빠진 녀석!

그분은 누구냐고?

LA 다저스의 일본 담당 스카우터인 고지마 씨야.

아!

쑥스럽지만, 그분은 고등학교 입학 때부터 줄곧 내 팬이셔!

헤에-

다른 스카우터들은 성적이 좋을 때만 찾아오는데, 고지마 씨는 한결같이 나를 응원해 주셨지.

그랬구나. 우린 그것도 모르고….

그럼 인정!

멋지다!

LA 다저스의 스카우터라면… 넌 메이저 리그 데뷔도 생각하고 있겠구나?

사실은 그래. 아직 누구와도 이야기해 본 적은 없지만.

헤에-

한편 LA 다저스 일본 사무실

팀장님, 외근 다녀왔습니다.

또 오타니를 보러 다녀온 모양이군.

어떻게 아셨어요?

헛

그걸 왜 모르겠나?

자네가 쓴 회삿돈의 대부분이 오타니 경기 관람료인걸!

지출 목록

오타니 친보
오타니 호형송
오타니 정송
오타니 식사
오타니 지바

특히 오늘은 더 확실히 알겠어.

응, 아주 많이!

헤헤, 그랬나요?

헤헤~

티… 티가 났나요?

83

어느 날

그래,
할 말이 뭐니?

고등학교 졸업 후에는
메이저 리그에서 뛰고 싶은데
두 분 생각은 어떠세요?

흠

!

아….

드디어 올 것이 왔군.

흠

솔직히 말하마.
난 네가 일본 프로 리그에
진출하는 것이 먼저라고
생각한다.

일본에서 충분히 인정받고
메이저 리그에 진출해도
늦지 않아.

단~호

부모님의 반대에 반박하지는 않았지만 메이저 리그를 향한 오타니의 열망은 이미 커질 대로 커져 있었습니다.

결국 그렇게 결심을 굳혔구나. 알았다. 그렇게 알고 준비하마.

감사합니다.

꾸-벅

2012년 10월 21일, 오타니는 기자 회견을 열고 메이저 리그 진출을 선언했습니다. 일본 프로 야구 신인 드래프트 회의를 4일 앞둔 때였습니다.

찰칵

찰칵

찰칵

저 사람들 다 뭐야?

헉!

웅성 웅성

기자들 같은데? 방송국 차도 와 있어!

아저씨, 저희 학교에는 무슨 일로 오셨나요?

오타니가 폭탄선언을?

아직 소문을 못 들었구나? 오타니 쇼헤이가 폭탄선언을 했어.

네~에?

오타니가 누구죠?

야구부의 오타니 몰라?
일본 프로 리그
지명 1순위라고!

웬만한 연예인보다
인기가 더 많은데
모른다고?!

그게 누구지?

콰당!

버럭!

버럭!

잉?

그런데 무슨 말을
했기에 폭탄이란
거죠?

메이저 리그 진출을
선언했어.

헉! 프로 리그
지명 1순위가요?

그러니까!

워!

그게 뭔데?
그렇게 엄청난 일이야?

낭연하시!

프로 야구 협회에서는
매년 이맘때쯤
'신인 드래프트 회의'라는
행사를 열어.

척!

일본의 모든 프로 야구 구단이
한자리에 모여서 자기네 팀으로
데려가고자 하는 신인 선수들을
지명하는 거야.

고등학교나 대학 팀 등에서
뛰던 아마추어 선수가
프로가 되는 가장 일반적인
과정이지.

참고로 선수 지명 순서는
그해 야구팀 성적 순위의
반대야.

꼴찌 팀에게
가장 우수한 선수를 데려갈
기회를 주는 거구나?

맞아. 참고로 올해 1순위 지명 자격은 '닛폰햄 파이터스'라는 구단이 가지고 있어.

닛폰햄은 보나 마나 최고의 신인인 오타니를 지명할 테고!

이제 알겠어. 모든 기대를 한 몸에 받던 오타니라는 선수가…

아~하

불쑥 미국의 메이저 리그로 가겠다고 해서 일본 구단들이 충격을 받은 거구나!

그래. 닛폰햄은 진짜 날벼락을 맞은 기분일걸?

오타니의 발표로 일본 야구계 전체가 술렁댔고, 특히 신인 드래프트에서 1순위 지명으로 오타니를 선택한 닛폰햄 파이터스에는 비상이 걸렸습니다.

오타니가 만나고 싶지 않다는군요.

닛폰햄에 가지 않을 거라서
만날 이유도 없다고….

아….

닛폰햄 파이터스 스카우트 팀장

이렇게까지 예의 없는 녀석은
아닌데… 대신 사과드립니다.
저희도 어떻게 할 수
있는 것이 없네요.

저흰 부모로서
오타니의 결정을 따르고
지지할 수밖에 없습니다.

꾸벅-

이해합니다.

저희가 직접
오타니 선수의 마음을
돌려 보도록 하겠습니다.

하하하-

정말로 마음을 완전히 굳혀 버린 건가….

흠-

저흰 부모로서
오타니의 결정을 따르고
지지할 수밖에 없습니다.

흠ㅡ

아냐,
그건 아닐 거야!

오히려 마음을 완전히 굳혔다면
나 한번 만나는 것 정도는
아무것도 아니잖아?

큼ㅡ

나를 만나기를 거부하는 건
스스로 흔들릴까 봐
두려워서 그런 거야!

아이고
머리야ㅡ

두려워서...

닛폰햄 파이터즈에서는 오타니의 마음을 돌리기 위한
자료집을 직접 만들기 시작했습니다.

탕

탕

타닥

탕

탕

서두릅시다!
일분일초가 급해요!

저희가 만든 자료집입니다.

이 자료들을 본 뒤에도 다른 선택을 하겠다면, 저희도 겸허히 받아들이겠습니다.

닛폰햄 파이터스는 직접 만든 자료집을 오타니에게 전달했습니다. 자료에서 특히 강조한 부분은 한국과 일본에서 고등학교를 졸업한 선수가 곧바로 메이저 리그에 진출했을 때의 성공 가능성이었습니다.

FIGHTERS

오타니 쇼헤이군
꿈을 향한 길잡이

확실히 자기 나라 리그를 거치는 것보다 성공 가능성이 적구나. 경험이 이렇게 큰 요소였다니….

응?

94

'이도류'는 무사가 양손에 각각 다른 칼을 들고 싸우는 기술을 가리키는 말로, 일본 야구에서는 투수와 타자 양쪽에서 활약하는 겸업 선수를 뜻하는 말로 쓰였습니다.

누구도 성공하지 못한 *투타 겸업! 이도류에 도전하는 것이 메이저 리그 진출만큼이나 매력적이고 가치 있는 일이라고 생각합니다.

닛폰햄에서는 저의 이도류 성공 가능성을 크게 봐주셨고, 지원해 주기로 약속했습니다.

닛폰햄에서 이도류를 성공한 뒤, 메이저 리그로 진출하면 성공 확률은 더 높을 테니까요.

＊**투타**: 야구에서 투구와 타격을 아울러 이르는 말

12월 25일

오타니는 그해 12월 25일, 일본 프로 야구 *퍼시픽 리그의 프로 야구단 닛폰햄 파이터스에 공식 입단합니다.

2013년 2월 닛폰햄 파이터스 스프링 캠프

으샤—

찰칵
찰칵
찰칵

그러게요, *1군도 아닌 2군 훈련에 기자들이 이렇게 몰려온 건 처음 봐요.

오타니가 톱스타이긴 한가 보군.

*퍼시픽 리그: 일본에서 운영되는 두 개의 프로 야구 상위 리그 중 하나. 또 다른 하나는 센트럴 리그
*1군: 공식 경기에 참가하는 그룹

투수조, 집합!

넵!

*야수조는 타격 훈련장으로!

넵! 어…?

너 어디 가는 거야?

아, 그게….

오타니! 얼른 안 오고 뭐해?

안절부절

오타니 선수는 왠지 겉도는 느낌인데요?

뭐야~

말이 좋아 이도류지, 사실 이도 저도 아닌 거잖아.

닛폰햄도 이도류로 오타니를 설득하긴 했지만, 뭘 어떻게 해야 할지 모르는 눈치야.

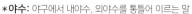

*야수: 야구에서 내야수, 외야수를 통틀어 이르는 말

97

오타니의 첫 훈련 모습이 공개되자 야구 전문가와 팬들 사이에서는 투수와 타자를 겸하는 것에 대한 의견이 분분했습니다.

2doRYU**

전 세계 야구 선수들이 이도류가 좋은 걸 몰라서 안 한 줄 알아?

답글

oddani**

장담컨대, 어느 한쪽도 성공하지 못할 가능성이 커. 선례들도 많다고!

답글 👍 356 👎 33

asd**

이 녀석은 왜 항상 혼자 잘난 척이냐?

👎 2

waddani**

맞아, 차라리 한쪽에 전념하는 것이 나을걸.

답글 👍 222 👎 12

star**

스타병에 단단히 걸렸군. 아니면 천재병이냐?

답글 👍 120 👎 50

어떻게 이런 말을—

사람들도 참 너무해요. 이렇게까지 비난하다니….

하지만 오타니에게 맞는 훈련법과 프로그램을 갖추지 못한 건 사실이야.

프로 이도류 선수는 처음이니까요!

인터넷 댓글은 안 보는 게 상책이지.

허—참

어쨌거나 오해에서 벗어나는 가장 확실한 방법은 스스로 증명하는 거라네.

며칠 뒤

와아아아

오타니 쇼헤이! 구속 157킬로미터를 기록합니다! 신인치고는 상당하군요! 이도류의 가능성을 몸소 증명해 보이는 오타니!

오늘 두 번째 안타를 성공하는 오타니 쇼헤이!

파아앙

얼마 뒤 열린 *개막전에서 오타니는 1군 선발 타자로 나와 2안타를 쳤습니다. 이후 4월에 열린 경기에서는 투수로 등판해 상대 팀의 공격을 잘 막아 냈지요.

otan****

오타니, 오늘 경기 보고 완전 반했다!

답글   👍 160   👎 5

fanot****

어쩌면 나, 팬이 될지도…?

답글   👍 460   👎 1

challen****

오타니의 도전을 응원합니다!

답글   👍 760   👎 1

2do****

난 이도류에 회의적인 사람인데 오타니만은 예외다.

답글   👍 760   👎 1

쳇! 시즌 시작 땐 그렇게 비난하더니!

오타니가 그만큼 사람들에게 믿음을 준 것 아닐까?

흐읏

*개막전: 프로 야구에서 그 해 가장 먼저 치르는 경기

99

통합 지식 플러스④ ▼

야구 선수에게
필요한 능력

야구는 타고난 신체와 뛰어난 두뇌를
고루 갖춘 개인이 모여 팀플레이를
펼치는 종목이에요. 다양한 능력 중에서도
특히 어떤 능력을 반드시 갖춰야 하는지
알아봅시다.

하나 근력과 유연성

운동선수 중 야구 선수는 풍채가 좋은 경우를 자주 볼
수 있어요. 야구는 움직이는 양은 적지만 투수는 공을
더 강하고 빠르게 던지기 위해, 타자는 공을 더 멀리 치
기 위해 힘이 셀수록 좋아요. 힘을 키우기 위해 근력은
필수 요소로, 야구 선수들은 시즌을 준비할 때 근육을
키우는 웨이트 트레이닝을 반드시 거쳐요.

유연성 또한 야구 선수라면 꼭 갖춰야 할 능력이에요.
투수는 부드러운 투구 동작을 위해, 타자는 자유자재
의 타격 동작을 위해 유연할수록 좋아요. 뻣뻣한 근육
은 움직임이 제한되어 최고의 기량을 뽐낼 수 없을 뿐
만 아니라 부상의 위험도 있기 때문이에요. 그래서 야
구 선수들은 유연성을 유지하고자 스트레칭을 습관화
하지요.

시즌이 아닐 때는 웨이트 트레이닝으로 근력을 단련한다.

둘 지구력과 순발력

1년 동안 진행되는 야구의 긴 시즌 동안 지치지 않고 기
량을 마지막까지 유지하려면 체력의 기본 바탕이 되는
지구력이 필수적으로 필요해요. 또한 야구는 끊임없이
움직이는 종목이라기보단 마운드 또는 타석에 서 있다

가 순간적인 근력을 사용하는 스포츠이기 때문에 탄탄한 근지구력을 갖춰야만 필요한 타이밍에 에너지를 쏟아낼 수 있어요.

빠르게 날아오는 공을 순간적으로 판단하여 정확히 치기 위해서는 순발력 또한 필수 자질이에요. 주루, 수비를 하면서 공의 위치를 판단하고 잽싸게 움직이는 능력도 필요하니 야구 선수를 꿈꾼다면 순발력도 갈고닦아야 하죠.

야구 선수에겐 빠른 상황 판단과 민첩한 순발력이 필요하다.

셋 끈기와 집중력

투수가 던지는 공 중에서 점수를 만들 수 있는 공을 기다리는 끈기, 공중에 떠 있는 공을 놓치지 않기 위해 끝까지 따라가는 집중력이 필요해요. 한 게임당 3~4시간은 기본인 게임 속에서 어떻게든 한 베이스 더 진루하기 위해 집중하는 주루 능력도 집중력을 바탕으로 한답니다. 이는 투수도 마찬가지에요. 한자리에서 100개에 가까운 공을 시속 130~160킬로미터로 스트라이크 존 안에 던지기 위해서는 승부욕에서 발현되는 끈기와 끊임없는 집중력이 필요해요. '야구는 9회말 2아웃부터'라는 말이 있듯 끝까지 최선을 다해야 해요.

넷 혼자만 잘할 수 없는 팀워크의 종목

야구는 타율, 평균 자책점 등 개인의 성적도 있지만 무엇보다 팀의 순위로 최종 등수가 매겨지는 팀 스포츠예요. 혼자 홈런을 친다고 해서 이길 수 없기에, 번트나 플라이 같은 희생타도 빈번히 나타나요. 또한 투수의 실수로 타자가 공을 타격했다 하더라도 수비수들이 몸을 날려 공을 지켜 내며 실점의 위기를 모면하는 등 잘 짜인 팀워크가 빛을 발하는 순간이 많아요. 그렇기 때문에 '나'보다 '우리'를 생각하는 자세가 요구된답니다.

상대 팀을 배려하는 신사의 스포츠, 야구의 불문율

❶ 타격 후 배트 던지지 않기
❷ 홈런을 친 후 과한 세리머니 하지 않기
❸ 홈런을 친 후 베이스를 천천히 돌지 않기
❹ 삼진을 잡은 후 과한 세리머니 하지 않기
❺ 점수 차가 크게 나 승부가 결정된 시점에 도루나 번트하지 않기
❻ 점수 차가 크게 나 승부가 결정된 시점에 3-0 카운트에서 다음 공 타격하지 않기
❼ 완봉승, 퍼펙트게임, 노히트 노런 등 대기록을 막기 위해 번트하지 않기

5장

인생의 전환점

" 돈에는 큰 관심이 없습니다.
제가 하고 싶은 것,
이뤄 내고 싶은 것을 하는 게
우선이라고 생각해요. "

구단은 얼마 뒤부터 이도류에 도전하는 오타니를 위한 새로운 훈련법을 마련했습니다.

2014년

으아아~!
햇살이 따뜻해진 걸 보니
이제 시즌이
시작될 때가 됐군.

몸 상태는 어때?

최고예요!
이렇게 좋았던 적이
있었나 싶을 만큼!

오타니!
감독님이 찾으셔.

아, 네!

104

2014년 시즌이 시작되기 직전, 닛폰햄 파이터스의 구리야마 감독은 오타니에게 편지 한 장을 건넸습니다.

엇, 감사합니다.

그동안 미처 하지 못했던 말,

그리고 당부하고 싶은 말들을 적어 봤네.

이...

이, 이건…!

사랑하는 ○○,

'LOVE.'라는 말,

당신에겐 부족하오

안경을 벗고 난 다시

태어났소— 언제나— 언제나— 늘 언제나— 놀려 하오

구리야마

미안, 편지가 바뀌었어.

오타니

지네를 믿고

2014시즌

첫 선발 투수 자리를

맡기려고 하네

구리야마

그동안 열심히 준비해 왔으니 잘할 수 있을 거야.

감독님…!

감~동

감독의 믿음에 보답하듯, 오타니는 2014년 시즌 첫 경기에서 승리 투수가 되었고 이후 경기에서도 승승장구했습니다.

오타니 쇼헤이! 개막전 이후 6연승을 기록합니다!

선배, 첫 승리를 하고 기뻐했던 게 어제 일 같은데 벌써 시즌이 끝나 버렸다니, 믿기지 않아요.

나도 그래.

내년엔 더 분발해야겠어요. 올해도 열심히 했지만, 결과가 만족스럽지 않아요.

가만 보자, 올 시즌 오타니 네 기록은… 총 24경기 출전에 11승 4패, 평균 *자책점 2.61!

*자책점: 투수가 타자의 몸에 맞는 공, 안타 따위로 상대편에 준 점수

2년 차 프로 선수치곤 상당한 성적인데?

아니에요! 더 잘할 수 있었는데….

노력이 부족했나 봐요. 아니, 정말 재능이 없는 건가….

버럭

그런 말 마!

그럼 너보다 기록이 안 좋은 내가 뭐가…돼?

힝―

힝!

상처받았어!

죄송합니다.

2015 시즌을 앞두고 오타니는 체력적, 기술적인 변화를 끌어내기 위해 훈련에 매진했습니다.

좋아, 그 자세야―

부

웅

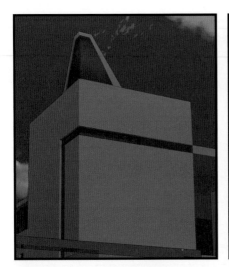

흠...

타격 때 무게 중심을
옮기는 타이밍을 좀 더
당겨 보면 어떨까?

힘이 더 실리면
친 공이 날아가는 거리가
더 늘어날 것 같은데….

가장 중요한 건
타이밍이야! 몸을 더
민첩하게 움직여야겠다.

쐥

관건은
타이밍 인가?

탁

생각났을 때
당장 테스트해
봐야겠어!

휘

끼
익

늘 규칙적인 생활을 하는 오타니였지만, 때때로 아이디어가 떠오를 때면 곧장 훈련장으로 달려가곤 했습니다.

설마….

역시나 오타니 선수군. 정말 못 말린다니까.

앗!

오타니 군, 적당히 좀 하지 그래?

으샤~

부

응

죄송합니다. 놀라셨죠?

꾸벅

아닐세. 이제 놀랍지도 않아.

좋은 생각이 떠올랐는데, 내일 아침까지 기다릴 수가 없었어요.

그랬군.

헉 헉 헉

그 열정이 언제까지나 불타오르기를 바라네!

넵!

이해해 주셔서 감사합니다!

프로 선수로서 안정기에 접어들었지만, 야구를 향한 오타니의 열정은 갈수록 커지기만 했습니다.

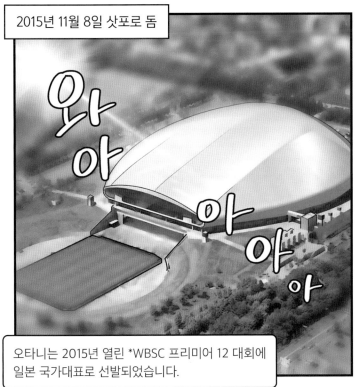

오타니는 2015년 열린 *WBSC 프리미어 12 대회에 일본 국가대표로 선발되었습니다.

프로 선수가 된 이후 첫 번째 국가대표 선발이다!

한국! 이번에는 기필코 이기겠어!

다음 상대는 한국이다. 함부로 얕봤다가는 큰코다치게 될 거야.

이번 대회의 강력한 우승 후보이니 정신 바짝 차리도록.

*WBSC 프리미어 12: 세계 야구 랭킹 상위 12개 국가가 참여하는 국제 야구 대회

2012년 세계 청소년 야구 선수권 대회 5-6위 결정전

일본이 한국에 패하며 6위로 대회를 마무리하게 되었습니다.

이번 대회에서는 특히 일본과 한국의 투수 대결이 주목받았는데요, 여기서도 아쉽게 한국이 승리했군요.

오타니 쇼헤이는 7이닝 2실점 12탈삼진으로 호투했으나 한국의 이건욱 선수가 8이닝 무실점을 기록했습니다.

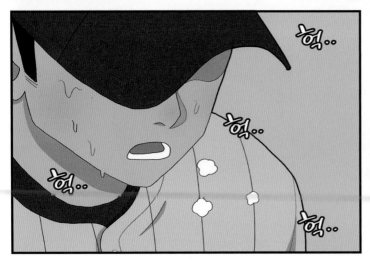

어린 선수들이니 몇 년 후를 기약해야겠죠?

맞습니다. 가능성을 확인하는 대회니까요.

벼르던 건 아니지만, 그때의 패배를 되갚아 줄 기회야!

기다려랏!

두 차례 치러진 한일전에 선발 투수로 나선 오타니는 총 13이닝 동안 단 3개의 안타만 허용하며 21개의 삼진을 잡아내는 엄청난 기록을 세웠습니다.

스트라이크, 아웃!

구속 좀 봐. 161킬로미터야. 아깐 *포크 볼이 147킬로미터까지 나왔었어.

161km라고?

괴물이라고 소문이 자자한 이유가 있었군.

*포크 볼: 투수가 던지는 공으로 공의 회전이 적으며 타자 앞에서 갑자기 떨어짐

그러나 오타니의 활약과는 별개로 WBSC 프리미어 12에서는 한국이 최종 우승을 차지했습니다.

크흑~
또 한국에 지다니!

겨우 이런 일로 의기소침한 건 아니지?

그럼요.

결과가 아쉽긴 하지만 낯선 외국 선수들과 대결을 펼친 건 좋은 경험이었어요.

그리고 이번 대회를 치르면서….

치르면서 뭐?

아, 아니에요.

세상에서 제일 치사한 게 말하려다 안 하는 거야! 알고 있냐?

별거 아니에요, 진짜!

내색하지 않았지만, 세계 선수들과 대결을 펼쳤던 이 대회를 계기로 오타니는 다시 해외 진출에 대한 열망이 불타올랐습니다.

하지만 이번에는 신중하자. 굳이 일찍 밝힐 필요는 없으니까.

2016 일본 프로 야구 시즌 종료

닛폰햄 파이터스가 2016년 일본 시리즈 우승을 차지합니다!

오타니 쇼헤이! 팀을 승리로 이끌고 MVP까지 차지하는군요!

2017년, 오타니는 발목 부상으로 국제 야구 대회인 월드 베이스볼 클래식 출전이 무산되었습니다. 게다가 프로 야구 정규 시즌에서도 부상의 영향으로 부진을 겪었지요.

올해는 이렇게 끝나는구나…. 아쉽다!

오타니!

응?

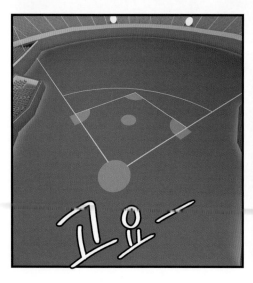

고요-

올해도 수고했다.

수고는요. 출전도 많이 못 한데다, 출전한 경기에서도 딱히 활약하지 못한걸요.

올 시즌은
제 자신에게 크게
실망했어요.

부상으로
어쩔 수 없었으니
너무 자책하지 마.

탁!

지난 시즌
아무리 성적이 좋았어도
다음을 기약하기 힘든 게
스포츠지.

한결같은 기량을 유지하기도
힘든데, 팬들은 더 나은 모습을
기대하니까 말이야.

그런 것 같아요.

그래서
전 이번에야말로
반드시 해외 진출을
하려고 해요.

자칫 영영
메이저 리그 진출 기회를
놓칠지도 모르니까요!

2017년 11월, 오타니는 메이저 리그 진출을 발표했습니다.

일본에서 최고가 된 뒤에 메이저 리그 진출하려고 했지만, 좀 더 빨리 결단을 내렸습니다.

오타니 선수는 앞으로 2년만 지나면 다른 팀과 자유롭게 계약을 맺어 팀을 옮길 수 있는 자격을 얻게 됩니다.

그러면 지금보다 훨씬 더 좋은 조건으로 빅 리그 진출이 가능한데 이렇게 서두르는 이유가 뭐죠?

우선 돈에는 큰 관심이 없습니다. 제가 하고 싶은 것, 이뤄 내고 싶은 것을 하는 게 우선이라고 생각해요. 일본에서 미처 이루지 못한 것들은 미국에서 해낼 생각입니다.

오타니의 빅 리그 진출 선언은 메이저 리그에서도 큰 화제였습니다.

아! 뭔지 알아요. 오타니 쇼헤이에 관한 이야기죠?

자, 오늘은 멀리 일본에서 날아온 소식부터 전할게요.

헤이~

Yo~!

맞아요, 오타니 쇼헤이가 메이저 리그 진출을 선언했습니다. 이미 에이전시와 계약해 메이저 리그 팀을 고르고 있다는군요.

근데 선수가 입단할 팀을 고르는 상황은 처음 보는데요? 어쩌다 주도권이 선수에게로 넘어갔나요?

엉?

특별한 사례죠. 모든 팀이 오타니를 원하니까요.

오타니가 투수와 타자 양쪽에서 모두 활약하는 톱스타여서 가능한 상황이에요.

아하!

에이~요~

119

그런데 더 대단한 건, 오타니가 연봉은 안중에 없다고 말했다는 거예요.

그것보다 더 중요한 게 있나요?

오타니는 야구를 원해요. 치고, 던지고, 달려서 결국 승리하는, 그런 야구요!

많은 돈을 주는 구단보다 즐겁게 야구할 수 있는 구단을 찾고 있는 거죠.

이 말은, 메이저 리그의 모든 구단이 오타니를 영입할 수 있는 기회를 가진다는 뜻이기도 하겠죠?

오! 정말 그렇군요. 모든 구단의 지갑 사정이 두둑한 건 아니니까요.

오타니의 마음을 사로잡는 행운의 구단은 어디일지 궁금하네요.

총 27개 구단이 참여한 '오타니 영입 전쟁'은 얼마 뒤 7개 구단으로 후보가 좁혀졌습니다.

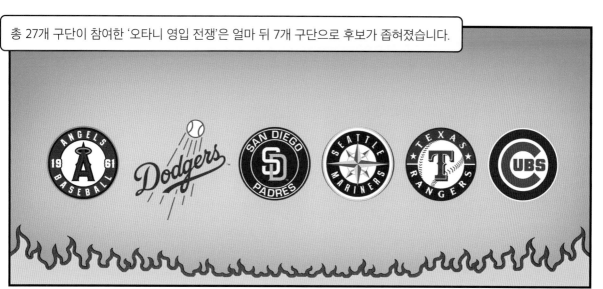

각 구단의 오타니 영입 경쟁이 치열해지자, 에이전시는 이례적으로 각 구단에 과제를 내주었습니다.

⚾ **오타니 영입 과제**

1. 투수와 타자로서 오타니의 재능을 평가해 보시오.

2. 선수 육성과 경기력 관리에 대한 운영 방식을 설명하시오.

3. 마이너 리그와 스프링 트레이닝 시설들을 설명하시오.

4. 구단의 도시에 오타니가 잘 적응하도록 어떤 지원을 하겠습니까?

5. 어떤 방법으로 오타니가 팀에 빠르게 녹아들게 할 것입니까?
   ⋮

2017년 12월 9일, 마침내….

 통합 지식 플러스⑥ ▼

일본 프로 야구 NPB

오타니 쇼헤이의 고향이자 한국의
이웃 나라인 일본.
한국과 마찬가지로 야구는
일본에서 가장 인기 있는 스포츠랍니다.
일본 야구의 역사와
일본의 프로 야구 리그에 대해 알아봅시다.

하나 일본 야구 역사

일본의 야구는 1872년 현 도쿄대학의 전신인 제1번 중학
의 미국인 교사가 전파하며 시작되었어요. 일본인들에
게 야구라는 스포츠가 각인된 계기는 1896년 '다이찌'
고등학교 팀이 미국인이 이끌던 '요코하마 아스레틱 구
락부'에 승리하면서부터였어요. 이는 일본인에게 미국
인을 꺾었다는 강렬한 인상을 주었다고 해요. 이후 일본
야구 리그 창설에 대한 논의가 진행되었지만, 1923년 일
본을 흔든 관동 대지진의 여파로 야구에 대한 관심은 줄
어들었어요. 그러던 1934년 미국의 메이저 리그 올스타
선수단이 일본을 방문하여 일본 팀과 경기를 치르면서
국민적인 관심이 다시금 뜨거워지고, 리그 창설로 이어
지게 되었어요.

둘 일본 프로 야구 리그

한국의 응원 문화와 유사한 일본 야구 응원 문화

현재의 일본 야구 리그는 2개의 리그로 운영되지만, 최
초의 일본 프로 야구는 8개의 팀으로 구성된 1개의 리
그로 창단되었어요. 이후 신생 팀이 우후죽순 늘어나
면서 팀별로 1:1 매치를 진행하기 어려워지고, 기존 팀
과 신생 팀 사이의 신경전 또한 빈번히 일이었어요. 결
국 2개의 리그로 분리를 논의하게 되었고 1950년 현재

122

의 센트럴 리그, 퍼시픽 리그 체제가 탄생했지요. 2개의 리그로 분리된 직후 리그마다 8개의 팀이 구성되었으나, 시간이 흐르며 팀 해체와 통합을 겪었어요. 현재는 12개의 팀이 6팀씩 나뉘어 두 리그를 지키고 있어요. 일본의 프로 야구는 한 시즌에 같은 리그에서 125경기, 다른 리그와의 교류전을 18경기 치르고 있어요. 정규 시즌이 종료되면 각 리그에서 상위 3팀끼리 해마다 리그의 우승자를 가리는 '클라이맥스 시리즈'가 열려요. 두 리그에서 클라이맥스 시리즈의 우승을 거머쥔 각 팀은 최종 우승자를 가리기 위한 '일본 시리즈'에서 맞붙게 돼요. 일본 시리즈는 10월 말에서 11월 초 사이 7전 4선승제로 치러져요.

에서 좋은 성적을 낸 선수들은 일본 리그에 진출하기도 했지요. 최초로 일본 리그에 진출한 선수는 '백인천'으로 1962년 한국의 프로 야구 리그가 출범하기 전에 입단하여 20년을 일본에서 포수이자 외야수로 활동했어요. KBO 리그 출범 후 최초로 일본 리그에서 활약한 선수는 투수 '선동열'이에요. 1996년 일본으로 건너가 마무리 투수로서 1위를 기록하는 등 리그 최고의 선수로 이름을 날렸어요. 선동열의 활약으로 일본에서는 한국의 특급 선수들을 적극 영입하기 시작했고, 이후 조성민, 구대성, 임창용, 오승환, 이종범, 이승엽, 이대호, 김태균 등이 일본 리그에 진출하여 활약하였어요.

셋 일본으로 진출한 한국 선수

소프트뱅크 호크스에서 일본 시리즈 우승까지 경험한 이대호

한국 선수들의 일본 진출 활로를 닦은 투수 선동열

한국보다 긴 야구 역사, 더 큰 규모의 리그 운영 등 일본 야구는 한국 야구보다 경제적으로나 실력 면에서 앞선 부분도 있어요. 아시아에서 야구를 가장 빨리 도입했고, 국민들 사이에 인기도 엄청나지요. '일본 야구엔 혼이 있다'는 말이 있을 정도로 야구에 각별한 애정을 가지고 있어요. 이 때문에 한국

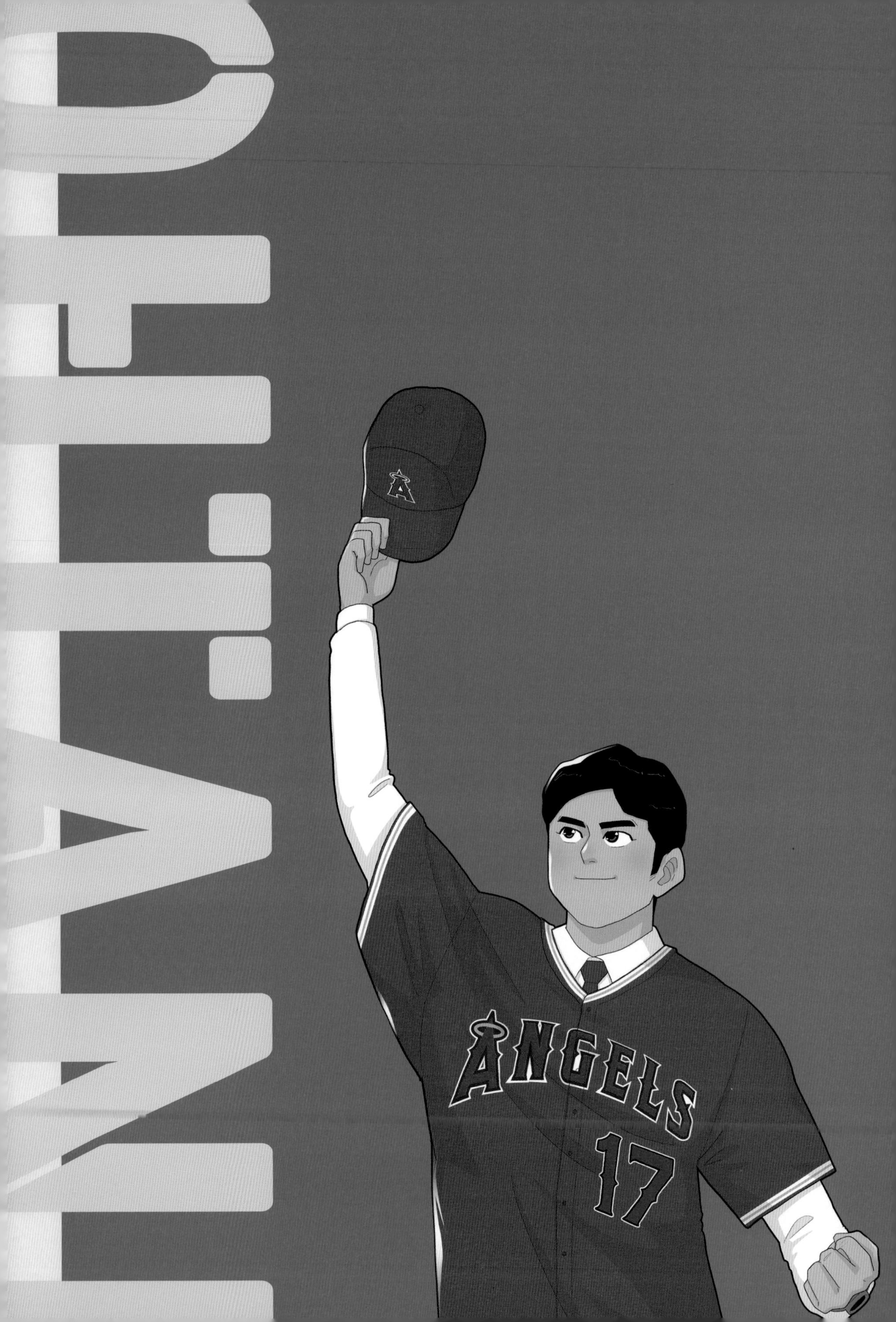
ANGELS
17

6장

빅 리그에 입성하다

> 오타니 쇼헤이가
> LA 에인절스 선수가 되고 싶어 합니다.
> 오타니를 잡으셨군요,
> 축하드립니다!

네, 빌리 에플러입니다.

안녕하세요? 오타니 쇼헤이의 담당 에이전트 네즈 발레로입니다.

LA 에인절스 단장 빌리 에플러

오타니 쇼헤이가 LA 에인절스 선수가 되고 싶어 합니다. 오타니를 잡으셨군요, 축하드립니다!

왁?!

저, 정말입니까?

휙

미끌-

우당탕탕

무슨 일이세요, 단장님? 방금 큰 소리가….

타앗!!

2017년 12월 9일, LA 에인절스는 구단 관계자뿐만 아니라 팬들까지 함께하는 행사를 성대하게 열어 오타니의 입단을 환영했습니다.

오랜 경력의 야구 해설가로서 오타니를 어떻게 생각하시나요?

실력 면에서 어느 정도 검증이 되었다고 하지만….

그건 어디까지나 일본에서 이야기죠. 여기선 다를 겁니다. 좀 더 솔직히 말해 볼까요? 제 생각에는….

통역이 필요한 선수가 메이저 리그의 간판 스타가 되기는 어려울 겁니다.

어느 정도 예상은 했던 일이지만 너무하네, 정말!

'오타니, 슈퍼스타가 되려면 영어부터 배워야 할 것'

오타니에게 쉽지 않을 메이저 리그가 예상된다

이건 아시아인 선수에 대한 명백한 차별이라고!

하하—

전 신경 쓰지 않으니까 걱정하지 마세요. 오히려 칭찬처럼 느껴지는데요?

이게 어딜 봐서 칭찬이라는 거야?

제 실력이 형편없었다면 사람들이 이렇게 주목하거나 예민하게 반응하지도 않았을 테니까요.

압도적인 실력을 갖추면 돼요!

사소한 오해는 처음 겪는 일도 아니니까!

문제 없어요—

제가 좋은 경기를 보여 주면 사람들의 시선도 달라지겠죠.

6월 어느 날

오타니의 컨디션에 문제가 있는 것 같군.

흐음-

떨어진 구속도 좀처럼 올라오지 않고 있어요. 일시적인 컨디션 문제로 보기엔 좀….

설마….

131

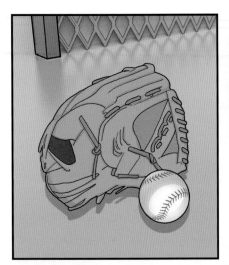

아, 전 정말 괜찮아요. 아직 이곳 환경에 적응하지 못해서 그런 것 같아요.

일본의 돔 구장에서는 아무래도 바람의 영향을 덜 받다 보니….

하하 하하

팔꿈치에 통증을 느끼는 것 같던데?

아! 여긴 아픈 것까지는 아니고, 좀 당기는 정도랄까?

우둑 우둑

하지만 닛폰햄의 구리야마 감독은 너에 대해 이렇게 말했었지.

구리야마 감독님?

오타니의 말을 곧이곧대로 믿으면 안 됩니다. 아무리 힘들어도 좀처럼 쉬고 싶다는 표현을 하지 않는 친구거든요.

이녀석!! 병원으로 옮겨!

으아—

정말 괜찮다고요!

넵!

팔꿈치 인대가
손상된 것 같군요.

앗…!

커헉!

수술하지 않으려면
당분간은 공을 던지지 말고
재활하는 게 좋겠습니다.

이래도
괜찮다고?

휘이~

휘~

시즌 시작된 지
세 달밖에 안 지났는데….

하ー아ー

OHTANI

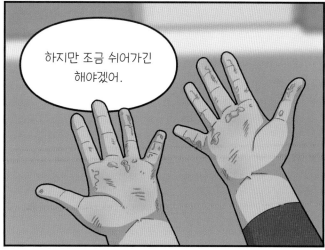

하지만 조금 쉬어가긴
해야겠어.

133

7월 4일 LA, 에인절스 대 시애틀 매리너스

한 달 만에 복귀한 오타니 쇼헤이! 그러나 컨디션은 여전히 좋아 보이지 않는군요.

LA 에인절스의 이번 오타니 영입이 실패라는 시각도 부쩍 커졌습니다.

스트라이크— 아웃!!

사실 메이저 리그 데뷔 첫해라는 점을 고려하면 나쁘지 않은 성적이에요, 분명히!

하지만 오타니라는 그 이름값만큼의 활약인지는 의문입니다. 오타니는….

오타니이니까요! 스스로 그 무게감을 이겨 내야 할 것입니다!

OHTANI
17

10월 1일 2018 시즌 최종전
LA 에인절스 대 오클랜드 애슬레틱스

오타니, 쳤습니다!

9회 말 마지막 타석에서
안타를 만들어 냅니다!

스트라이크 존을 살짝
벗어나는 공이었는데요….

애슬레틱스는 승부를
피하려고 했지만, 오타니가
기어이 안타로 연결합니다!

메이저 리그 데뷔 시즌
마지막 타석을 멋진 안타로
마무리하는군요!

내년에는 과연 어떤
모습을 보여 줄까요?

오타니는 2018 시즌이 끝나자마자 팔꿈치 수술을 했고, 다음 해 5월이 되어서야 경기에 복귀했습니다.

2019년 5월 7일, LA 에인절스 대 디트로이트 타이거즈

오타니를 너무 이르게 내보낸 것 아닐까요?

당분간 고전하겠지만 차차 돌아올 거야.

LA 에인절스 감독 브래드 어스무스

그보다 오타니가 자신감을 잃을까봐 걱정이죠. 자칫 *슬럼프에라도 빠지면….

의지기 강한 친구니까 믿어 보자고.

*슬럼프: 자기 실력을 제대로 발휘하지 못하는 상태가 길게 계속되는 일

스트라이크 아웃!!

우 우 우 우

눈앞의 상황에 흔들리지 말자.
지금은 최상의 컨디션이 아니니까
이런 결과는 당연해!

의연하게 웃어 넘기자!

방긋-

하하하!
*삼진이라니…
하하하!

깜

짝

우하 하하 하 하 하 하

OHTANI 17

뭐… 뭐야,
쟤 무서워.

왜 저래?
이 상황에서…
웃어…?

*삼진: 야구에서 타자가 세 번의 스트라이크로 아웃되는 일

137

통합 지식 플러스⑥ ▼

메이저 리그 MLB

오타니 쇼헤이가 활동하는 무대!
메이저 리그는 세계에서 가장 우수한
선수들이 모여 실력을 겨루는 최고의
프로 야구 리그예요. 메이저 리그의 역사와
리그 운영 방식은 어떻게 될까요?

하나 메이저 리그의 역사

뉴욕에서 시작된 야구 붐으로 1857년 '전미 야구 선수 협회'가 창설된 후 1870년까지 전국적으로 수천 개의 야구팀이 조직되었지만 모든 야구팀이 협회의 회원은 아니었어요. 사실상 통일된 규칙 없이 경기를 치렀고, 선수의 급여나 권리에 대한 규칙도 존재하지 않았지요. 이후 급여를 받고 선수 생활을 하는 '프로'가 1869년 등장했고, 12개의 팀이 프로 팀을 자처했어요. 이후 1871년 '전미프로야구선수협회'가 생겨나 최초의 프로 리그가 열렸어요. 1876년에는 8개의 팀이 '내셔널 리그'를 설립하였고, 1901년 8개의 팀이 '아메리칸 리그'를 설립하며 오늘날까지 이어 오는 양대 리그 체제가 확립되었어요. 두 리그를 통틀어 메이저 리그, 영어 약자로 MLB(Major League Baseball)라고 합니다. 1960년대 들어 야구팀이 많지 않던 미국 서부 지역에서도 새로운 팀들이 적극적으로 메이저 리그에 참여했고, 현재 30개 팀으로 구성된 메이저 리그는 이때 뼈대를 이루었답니다.

둘 메이저 리그의 구성

30개의 팀이 반으로 나뉘어 아메리칸 리그와 내셔널 리그를 구성하고 있어요. 일본과 같은 2개의 리그 체제이지만 넓은 미국 땅에서 원정 경기를 치르기에 거리와 시간의 문제가 있었답니다. 이 때문에 리그 안에서도 연고지를 중심으로 동부, 중부, 서부 3개의 지구로 나뉘어 5개의 팀씩 하나의 지구에 소속되어 있어요. 메이저 리그팀들은 한 정규 시즌 동안 162경기를 치르는데, 같은 지구에 소속된 팀과 76경기를, 같은 리그에 소속된 다른 지구의 팀과 66경기를 겨뤄요. 그리고 다른 리그의 팀과 친선 경기를 5경기 나눕니다. 정규 시즌이 종료되면 각 지구의 우승 팀 세 팀과 나머지 팀들 중 순서대로 승률이 높은 세 팀이 리그의 우승 팀을 결정짓는 '와일드카드 시리즈'와 '디비전 시리즈'를 치러요. 디비전 시리즈의 우승자는 미국 리그 최종 우승자를 겨루는 7전 4승제의 '월드 시리즈'에 출전해요.

처럼 투타 겸업으로 유명하지만, 당시는 현대 야구와 수준이 크게 달라 둘을 비교하기는 어려워요.

메이저 리그 투타 겸업 스타 베이브 루스

108년 만에 월드 시리즈 우승을 한 시카고 컵스

 ### 메이저 리그 레전드 선수

메이저 리그는 1936년부터 역사에 남을 선수는 물론 야구 발전에 기여한 감독, 심판 등을 기억하는 '명예의 전당'을 운영하고 있어요. 200년이 되어 가는 미국 프로 야구 역사에서 지금까지 300명이 넘는 선수들이 등재되었지만, 그중 최초로 등재된 5명의 선수가 있지요. 투타 겸업으로 우수한 성적을 기록한 '베이브 루스', 아직까지 깨지지 않는 통산 타율 0.366을 달성한 '타이 콥', 주 포지션은 유격수였으나 야구 전 포지션을 소화하면서 내셔널 리그 타격왕을 8번이나 수상한 '호너스 와그너', 불의의 사고로 선수 생활을 일찍 마감했지만 아직도 다승 공동 3위의 자리를 지키는 '크리스티 매튜슨', 12번이나 탈삼진왕을 거머쥔 '월터 존슨'이 메이저 리그 명예의 전당 5인이에요. 베이브 루스는 오타니 쇼헤이

MLB가 주최하는 세계 대회 WBC

전 세계에서 야구를 즐기는 나라는 축구에 비해 비교적 적습니다. 야구는 올림픽 정식 종목으로 채택되지 못하는 경우가 많았지요. 세계적인 대회가 필요해졌습니다. 2006년 야구 종주국인 미국이 앞장서서 세계 대회를 만들었고 월드 베이스볼 클래식(World Baseball Classic)의 약어인 WBC가 창설되었어요. 4년에 한 번씩 개최되며 2017년에는 한국에서 대회가 열렸답니다.

7장

오타니의 쇼타임

> 오타니의,
> 오타니를 위한,
> 오타니에 의한
> 완벽한 피날레군요!

2019년 6월 14일, LA 에인절스 대 탬파베이 레이스

수술 후 복귀 첫해라는 점을 고려하면 준수한 성적이니까 너무 스트레스 받지 마, 오타니.

더군다나 최근 다섯 경기에서 홈런을 세 개나 때렸잖아. 이 기세라면 앞으로도 걱정 없다고.

그래도 마음이 조급한 건 사실이에요.

하-

오타니, 이제 나가서 슬슬 몸을 좀 풀도록 해.

예썰!

잠시 후

와아아아

아니요. 오타니에게는 시간이 더 필요합니다.

이번 시즌 오타니의 목표는 뛰어난 성적이 아니라 착실히 재활하는 거예요.

감독의 말대로 오타니는 경기 출전보다는 재활에 집중하며 2019 시즌을 보냈습니다.

내년을 기약하자고.

시무룩—

그러나 기대했던 2020년에는 코로나바이러스 감염증으로 메이저 리그는 시즌을 단축하게 되었고, 오타니가 활약할 기회도 적었습니다.

하아~! 관중들의 함성 소리가 그립구나!

이 상황이 언제쯤 끝나려나….

하아—

하아—

공기가 확실히
달라졌군.

정말 그런 것
같아요!

으이구~
해맑기만 한 녀석!

아니,
그런 거 말고!

사람들이 오타니 널 대하는
공기가 달라졌다고!
기대치가 낮아졌다고 할까?

그런가요?

2021 시즌이 시작되자 오타니는 그동안의 부진에 분풀이라도 하듯 엄청난 경기력을 선보였습니다.

마침내 오타니는 2021년 아메리칸 리그의 MVP를 수상했습니다.

2022 시즌

오타니가 올해 어떤 활약을 할지 벌써 기대돼요.

와아~

이번 타자는!

오ー타니 쇼헤이!!

네가 아직 뭘 모르는구나.

오타니는 지난 시즌에 정점을 찍었어. 이제 남은 건 내리막 뿐이라고.

시무룩ー

하지만….

그게 세상의 법칙… 컥!

따닥! 오타니! 홈ー런

달려, 오타니! 더 치고 올라가자고!

깜짝

생각해 보니 정점을 찍었다고 무조건 내려가란 법은 없잖아. 안 그래?

하하

하하…

오타니♡

제 말이 그거예요!

거짓말 같은 2021 시즌을 보냈기에 2022년, 오타니를 향한 사람들의 기대는 오히려 낮았습니다. 그러나 정작 오타니의 생각은 달랐습니다.

하지만 저는 그렇게 생각하지 않아요.

지난 시즌의 성적은 운이나 기적이 아니라, 제 노력과 실력으로 이루어 낸 결과였으니까요.

찰칵

사람들이 올해는 지난 시즌 같은 행운이 따르지 않을 거라고 말하더군요.

찰칵

찰칵

오타니는 2022 시즌도 눈부신 활약으로 자신의 말이 사실이었음을 증명해 냈습니다.

크게 소리치며 힘차게 플레이할 것!

늘 볼에 집중할 것!

어떤 상황이든 전력 질주할 것!

원칙은 변하지 않아!

149

2023년 3월, 제5회 월드 베이스볼 클래식(WBC)이 개최되었습니다. 일본 대표 팀은 투타에서 맹활약하는 오타니를 앞세워 모든 경기에서 승리하며 파죽지세로 결승에 진출했습니다.

3월 22일 결승전 당일

너 표정이 왜 그 모양이야?

웃고 있는데 왜?

하 하 하항

차라리 웃지 마.

150

무키 베츠

1루에는 폴 골드슈미트가 있고, 중견수에는 마이크 트라웃이, 우익수로 무키 베츠가 서 있어요. 하나같이 우리가 동경하는 선수들이죠.

폴 골드슈미트

마이크 트라웃

가자!
아자!

하지만 그런 마음으로는 결코 그들을 넘을 수 없습니다. 적어도 오늘만큼은 동경하는 것을 그만하죠!

우리는 정상에 오르기 위해 이곳에 왔으니까요!

그래, 우리가 못할 게 뭐 있어!

맞는 말이야!

가자!!
아자!
아자!

2023 월드 베이스볼 클래식
결승전 미국 대 일본

일본 대표 팀은 지난 대회 우승국인 미국에 치열하게 맞섰습니다.

WBC가 끝나고 얼마 지나지 않아 메이저 리그 정규 시즌 시작되었습니다.

바로 어젯밤 일처럼 생생해.
인생 최고의 순간이었어!

하지만 들떠있는 건
여기까지야.

다시 초심으로
돌아가자.

자, 이제 슬슬 필드로 나가서
몸을 풀어 볼까?

네, 알겠습니다!

오타니는 2023년 메이저 리그에서도 투수와 타자로 양쪽에서 맹활약했습니다.

160

오타니 쇼헤이.
시즌 44호 홈런을
때립니다!

얼마 뒤 오타니는 팔꿈치 수술을 위해 일찍
시즌을 마감하게 되었습니다.

그런데 놀랍게도 오타니는 2023년 MVP 선정과 함께 아메리칸
리그 홈런왕 타이틀도 차지했습니다.

다들 나 없는 한 달 동안
뭐 한 거야?

뭐라고?

시즌이 끝날 때까지 누구도 오타니가 기록한 마지막 44홈런을 따라잡지 못했던 것입니다.

2023년 메이저 리그는 오타니 쇼헤이로 시작해서 오타니 쇼헤이로 끝이 났어요.

오늘의 메이저 리그 소식을 전해드리겠습니다.

그야말로 오타니의, 오타니에 의한, 오타니를 위한 해였죠.

아쉬운 건 팔꿈치 수술 때문에 내년에는 투수 오타니를 볼 수 없다는 거죠.

맞습니다. 오타니 덕분에 야구 보는 재미가 두 배가 됐던 한해였어요.

오타니가 타자로만 활동한다는 안타까운 소식입니다.

그래서 말인데, 내년에 오타니는 큰 활약을 못 할지도 몰라요.

운동선수에게 수술은 늘 악재니까요.

하지만 사람들은 그렇게 생각하지 않는 것 같던데요?

그게 무슨 말이죠?

소문에 따르면
최소 세 개 구단이 오타니를
데려가려고 물밑 작업을
하고 있다더군요.

아! 그러고 보니
오타니는 올 시즌을 끝으로
FA 자격을 얻었죠?

청취자 여러분도 다들 아시겠지만,
'FA'는 '자유 계약 선수 제도
(FreeAgent)'를 뜻해요.

FREE-AGENT PITCHER RANKINGS

메이저 리그에서는 선수들이 팀과 계약한 뒤에
최소 6시즌을 소화해야 하죠.
그러기 전에는 다른 팀으로 이적할 수 없어요.

오타니는 LA 에인절스와의
모든 계약 조건을 충족시켜서
이제 FA 선수가 된 것이고요.

가지 마!

헉!

룰루~

난 이제 자유다!

여러 구단이 서로
오타니를 데려가려고
엄청난 금액을 제시하겠군요.

ON A

야구 선수 오타니로서는 엄청난 업적을 세우며 인정 받고 있었지만, 정작 소속팀 LA 에인절스의 성적은 부진했기 때문입니다.

LA 에인절스에서 뛰는 동안 오타니의 마음 한쪽에는 늘 아쉬움이 있었습니다.

*월드 시리즈 우승을 꿈꾸면서 메이저 리그에 진출했는데 *포스트 시즌 근처에도 못 가다니!

우리도 큰 경기에서 오타니가 활약하는 걸 보고 싶다! 제발 이적해 줘!

와!
와!
와!

OHTANI PLEASE MAKE THE MOVE!

야구팬들은 요즘 오타니에게 어떤 팀이 어울릴지 토론하는데 열을 올리고 있답니다.

말 순서가 바뀐 거 아닌가요?

선수에게 어울리는 팀이 아니라, 선수가 팀에 어울리도록 노력해야죠.

*월드 시리즈: 메이저 리그의 최종 우승 팀을 가리기 위해 내셔널 리그 우승 팀과 아메리칸 리그 우승 팀이 맞붙는 결승전
*포스트 시즌: 정규 시즌이 끝난 뒤 리그 최종 승자를 가리기 위해 치르는 경기

2023년 12월, 오타니는 전문가들의 예측과 팬들의 바람대로 강팀 LA 다저스로 이적을 발표했습니다. 10년 동안 무려 7억 달러를 받는 큰 계약이었습니다.

계산하고 있었는데 말 시켜서 잊어버렸잖아요!

그러니까 갑자기 무슨 계산을 그렇게 하냐고?

오타니의 연봉이요! 10년에 7억 달러면 1년에 7천만 달러니까, 이 돈으로 뭘 할 수 있는지 계산하고 있었죠.

그 계산을 왜 네가 해? 네 돈도 아닌데.

첫!

그냥 궁금하잖아요.

그리고 오타니가 내년에 받는 돈은 7천만 달러가 아니고 2백만 달러야.

엥? 왜요?

LA 다저스에 뛰는 10년 동안은 2천만 달러, 그러니까 1년에 2백만 달러만 받기로 계약을 했거든. 나머지 금액은 이후 10년간 연금처럼 받게 될 거야.

2천만 달러도 어마어마한 금액이긴 하지만 왜 그런 건데요…?

우리 구단과 함께하고 싶다는 오타니 선수의 의지는 알겠습니다.

문제는 오타니 선수의 연봉 지급 문제인데….

아, 그 부분은 제가 먼저 제안하고 싶은 것이 있습니다.

LA 다저스에서 뛰는 동안은 연봉의 일부만 받고, 나머지는 10년 뒤에 연금처럼 나누어 지급하는 건 어떤가요?

물론 가능하지만 말씀하신 방법의 분할 지급은 오타니 선수에게는 손해예요.

알고 있습니다. 하지만 상관없어요.

이런 요구를 하는 이유를 물어봐도 될까요?

제가 고액의 연봉을 받으면 구단은 그만큼 많은 세금을 내야 한다고 들었습니다.

네, 맞습니다.

이 세금을 아낀다면
구단은 대략….

무려 2,400만 달러를
아낄 수 있어요! 실력 있는
A급 투수를 한 명 더 데려올 수
있는 금액이죠.

짜ㅡ잔!

갑자기
계산기가 어디서….

저는 에인절스에
있으면서 한 번도
가을 야구를
하지 못했어요.

이곳 다저스에서만큼은
꼭 꿈을 이루고 싶습니다!

실력 있는 동료들과
함께 말이죠.

무슨 말인지
이해했습니다.

그렇게 아낀 돈으로
좋은 선수들을 영입해 강한 팀을
만들어달라는 뜻이군요?

바로 그거예요.

알겠습니다.
구단의 전력을 강화하는 데
박차를 가하죠.

감사합니다!

아 잣!

LA 다저스에서 새로운 시작을 한 오타니는 언론들이 '새로운 전성기'라고 말할 정도로 대단한 활약을 이어 갔습니다.

힘차게 날아오르는 공! 오타니의 50호 홈런입니다!

따약!

메이저 리그 역사상 그 누구도 달성하지 못했던 한 시즌 50홈런, 50도루 대기록이 탄생하는 순간입니다!

이날 1번 지명 타자로 선발 출전한 오타니는 1회와 2회에서 50호, 51호 도루를 성공했습니다. 또한 6회와 7회, 9회에 홈런을 터뜨리며 한 시즌에 51홈런, 51도루라는 대기록을 세웠습니다.

오타니의 활약 덕분에 LA 다저스는 포스트 시즌 진출을 확정 지었습니다.

2024년 LA 다저스는 월드 시리즈 우승을 차지했습니다. 오타니는 이적한 첫해에 자신이 세운 목표를 달성해낸 것입니다.

만세! 우승이다!

LA 다저스, 통산 여덟 번째 월드 시리즈 우승을 차지합니다!

메이저 리그 역사상 최초의 만장일치 MVP를 3회 수상, 50-50 클럽 입성 등 역사상 본 적 없는 기록을 갱신하며 최고의 선수로 자리 매김한 오타니 쇼헤이.

이적 첫해에 월드 시리즈 우승을 차지했군요. 축하합니다.

좋은 구단과 뛰어난 동료들 덕분입니다. 이런 다저스의 일원이라는 사실이 무척 자랑스럽습니다.

오타니 씨는 특히 이런 질문을 많이 받았을 것 같은데요, 본인의 재능이 무엇이라고 생각하나요?

재능이라….

저에게는 확실한 재능이 하나 있습니다.

바로, '좋아하는 것을 열심히 하는 능력'이에요.

관심 가는 분야가 있다면 좋아하는 것에 그치지 말고, 계획을 세워서 영리하게 실천해 보세요.

얼마 지나지 않아 남다른 재능으로 돌아오게 될 테니까요.

기록의 사나이, 오타니의 도전은 오늘도 계속되고 있습니다.

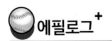

현재

별말씀을요!
오타니에게 관심을
가져 주셔서 저희가
감사하죠.

인터뷰에 응해 주셔서
감사합니다.

허허─

그런데 오타니 선수는
세계적인 스포츠 스타로서
수입이 정말 대단한데,

이 집을 떠나지 않으시는
이유가 있나요? 물론 오타니 선수
가족들의 추억이 많이 남은
집이겠지만요.

오타니가 처음 태어났을 때
지었던 이름은 '쇼헤이'가
아니라, '쇼'였답니다.
'날다'라는 뜻이죠.

무엇을 하든 훨훨 날 듯
성공하기를 바라는 마음으로
지었던 이름이에요.

그러다 뒤에 '헤이'를 더 붙이기로 했어요. '헤이'는 평평하다, 고르다는 뜻이거든요.

즉, '쇼헤이'는 명성을 떨치더라도 평온하게 살아가길 바란다는 마음을 담은 거예요.

저희는 오타니의 이름이 널리 알려지고, 돈이 많아졌다고 해서 뭔가 달라져야 한다고 생각하지 않습니다.

그저 운동장에서는 열심히 달리고, 밖에서는 바르고 선한 사람이길 바랄 뿐이죠.

쓰레기는 뭐하러···?

남이 버린 운을 줍는 거예요~

그래서 가족인 저희부터 변하지 않으려고 노력한답니다. 오타니의 성공 비결 중 하나는 '한결같음'이 아닐까요?

끼익~

생각해 보기

"
책을 다 읽은 뒤 내용을 되새기고
생각하는 시간도 필요합니다.
책에 대해 주변 사람들과 함께
이야기 나누면 더욱 좋아요!
"

한계를 모르는 최고의 선수
'오타니 쇼헤이'가 궁금해!

투타 겸업을 선택한 이유는 무엇인가요?

처음 투타 겸업을 한다고 했을 때 모두 불가능할 거라 말했어요. 두 포지션은
쓰는 근육이 달라 효율성이 떨어진다는 이유였죠. 하지만 포기하고 싶지
않았어요. 투수냐 타자냐 중요한 선택의 기로에 서 있을 때 딱 한 가지만
생각했습니다. 아무도 해 본 적 없는 것에 도전하고 싶은 마음이요. 그리고
제 결심을 현실로 만들어 줄 구단을 만나 일본 프로 야구팀에서 선수 생활을
시작했어요. 저 또한 두 포지션에서 모두 성적을 내지 못하면 언제든 투타 겸업을
유지하기 어렵다는 걸 잘 알아요. 제가 부진할 땐 역시 투타 겸업은
무리였다는 선입견과 함께할 거예요. 그럼에도 전 두 가지 역할을
해 온 건 좋은 시도였다고 봐요. 만약 제가 실패한다고
해도 그걸로 끝이 아니라고 생각합니다. 제가
실패하더라도 다음 선수가 나타나면
그걸로 충분하니까요.

새로운 것에 도전하는 게 두렵지 않나요?

저는 도전이 즐거워요. 돌이켜 보면 좋은 성적이나
우승 같은 목표를 달성한 순간도 좋지만 목표를 이루기
위해 매일 궁리하며 연습하는 순간들이 더 좋아요. 특히
연습을 통해 할 수 없었던 것을 할 수 있게 되었을 때 가장
기뻐요. 제겐 매일 하는 연습도 도전인 셈이에요.

한계를 느끼는 순간이 있나요?

투수로서나 타자로서나 잘되지 않는 시기가 있어요. 하지만 전 한계를
느낀 적은 없어요. 지금보다 어릴 때도 저보다 신체 조건이나

기술적으로 뛰어난 선수들을 많이 봐 왔어요. 하지만 그들과는 다르게 저만이 할 수 있는 것은 얼마든지 있다고 생각해요. 그 것을 제대로 하고 나면 저보다 뛰어난 선수들을 넘을 수 있을 거라고요. 늘 어려움을 겪을 때면 지고 있는 것은 지금뿐이라 생각합니다.

경기에서 지거나 원하는 기량이 나오지 않을 때 어떻게 극복하나요?

그 순간에 매몰되지 않고 일상에서 누릴 수 있는 행복을 찾으려 노력해요. 행복한 순간은 늘 곁에 있다고 생각하거든요. 오늘도 제대로 연습할 수 있었고, 돌아와서는 건강을 위해 균형 잡힌 식사를 먹을 수 있고, 밤이 되면 포근한 침대에서 잠을 잘 수도 있는 그런 평온한 하루가 있음에 만족하며 극복합니다.

꿈을 이루기 위한 단 하나의 재능이 필요하다면 무엇일까요?

제가 자신 있게 말할 수 있는 재능은 단 하나예요. 좋아하는 일을 할 수 있는 재능이요. 그 재능 덕분에 제가 이 자리까지 올 수 있었어요. 좋아하는 일이 때론 힘들고 지칠 수도 있어요. 하지만 후회가 남지 않도록 최선을 다한다면 스스로 만족할 수 있는 결과를 만들 수 있을 거예요.

오타니 쇼헤이의 취향

🌸 글/그림 강호연

- 7월 5일 이와테현 오슈시 출생

- 미즈사와 리틀 야구팀 입단

- 이치노세키 리틀 시니어 팀 입단

- 하나마키히가시 고등학교 야구팀 선발 투수로 활약

- 일본 아마추어 야구 사상 최초 구속 160km/h 기록

- 일본 U-18 야구 국가 대표 팀 선발

1994~2007

2010~2012

2018~2020

2021

- 미국 메이저 리그 구단
  LA 에인절스 입단

- 미국 아메리칸 리그 신인왕

- 토미 존 수술

- 2019년 무릎 수술로 시즌 아웃

- 2020년 코로나바이러스감염증-19
  팬데믹으로 미국 메이지 리그 시즌 단축

- 미국 메이저 리그 올스타전 최초
  투수와 타자 동시 출전

- 미국 주간지 <TIME> 세계에서 가장 영향력 있는 100인 선정

- 미국 메이저 리그 올해의 선수 상, 아메리칸 리그
  최우수 야수 상

- 미국 아메리칸 리그 MVP

- 에드기 미르디네즈 싱

- 이치노세키 리틀 시니어 팀
  전국 대회 진출

- 일본 프로 야구팀 닛폰햄 파이터스 입단

- 일본 프로 야구 첫 시즌 개막전 선발 출전

- 일본 프로 야구 최초 두 자릿수 승수
  두 자릿수 홈런 동시 기록

- 일본 퍼시픽 리그 다승 1위

- 일본 퍼시픽 리그 승률 1위

- 일본 퍼시픽 리그 평균 자책점 1위

- WBSC 프리미어 12
  일본 국가 대표 팀 동메달

- WBSC 프리미어 12
  최우수 평균 자책점 부문 수상

- 일본 프로 야구 최초 두 자릿수 승리
  100안타, 20홈런 달성

- 구속 165km/h 달성,
  본인 최고 구속 경신

- 일본 시리즈 우승

- 일본 퍼시픽 리그 MVP

2013~2014   2015   2016

2023   2024~2025

- 월드 베이스볼 클래식 일본 국가 대표 팀 전승 우승

- 월드 베이스볼 클래식 MVP

- 미국 메이저 리그 최초 10승-40홈런 달성

- 미국 메이저 리그 최초 두 시즌
  연속 두 자릿수 승수 두 자릿수 홈런 기록

- 미국 아메리칸 리그 출루율 1위,
  장타율 1위, 홈런 1위

- 미국 메이저 리그 구단 LA 다저스 입단

- 50홈런-50도루 달성

- 미국 메이저 리그 최초 양대 리그 연속 홈런왕

- 미국 메이저 리그 최초 만장일치 MVP 3회 수상

- 월드 시리즈 우승

내가 오타니 쇼헤이라면?

첫 번째 상황

고등학교 때까지 투수로 활동하던 오타니는 일본 프로 야구팀 닛폰햄 파이터스에 들어가 투수와 타자 양쪽을 겸하는 이도류에 도전합니다. 만약 나라면 투수로서 메이저 리그에 진출하려 했던 원래의 계획대로 밀고 나갈 것인지, 야구계에서 불가능하다고 여겨졌던 투수와 타자 겸업이라는 새로운 도전을 할 것인지 생각해 보세요. 또한, 그렇게 생각한 까닭도 써 보세요.

저는 마음을 바꿔 닛폰햄 파이터스에 입단하기로 했습니다.

나라면……

_____

_____

_____

_____

_____

두 번째 상황

메이저 리그에 진출한 첫해 아메리칸 리그 신인왕으로 뽑히며 주목받던 오타니는 부상으로 수술을 받으며 이듬해 기대에 미치지 못한 성적을 기록했습니다. 꿈을 막 실현하기 위해 박차를 가해야 하는 시기, 뜻밖의 난관 앞에서 오타니는 자신이 할 수 있는 일들에 최선을 다하며 어려운 시기를 견뎌 냈습니다.

만약 나라면 어떤 생각과 행동으로 마음을 다잡을 수 있을지 써 보세요.

나라면......

_____

_____

_____

_____

_____

오타니처럼 체력 기르기

오타니 쇼헤이처럼 강한 체력을 기르려면 자신의 몸에 맞게 알맞은 운동을 꾸준히 하는 것이 중요해요. 나의 체력 수준을 확인하고, 나만을 위한 운동 계획을 세워 실천해 보아요.

나의 체력 기록하기

뒤로 손잡기	윗몸 일으키기	50미터 단거리 달리기	15미터 왕복 오래달리기
성공: 실패:	회	초	회

체력을 기르기 위한 운동 계획

운동 종류	운동 장소	운동 시간	실천 횟수		실천 기간
스트레칭		분	주	회	
윗몸 일으키기		분	주	회	
달리기		분	주	회	
걷기		분	주	회	

건강한 생활 습관 기르기

몸과 마음이 튼튼해야 내가 원하는 목표를 이룰 수 있어요. 건강하게 생활하려면 올바른 생활 습관을 실천해야 합니다. 올바른 생활 습관을 생각해 보고 나의 생활 습관을 살펴 보아요.

건강한 생활 습관

[예] 일찍 잠자리에 듭니다.

① _____

② _____

③ _____

④ _____

⑤ _____

⑥ _____

⑦ _____

⑧ _____

⑨ _____

⑩ _____

고쳐야 할 생활 습관

야구 선수가 된 나를 상상해 보기

야구 경기에 참여하는 선수들은 각자 맡는 역할이 다르기 때문에 개인의 특성을 아는 것이 중요해요. 뿐만 아니라, 야구는 혼자 하는 게임이 아니기 때문에 팀워크도 중요하지요. 야구 선수가 된 나를 상상해 보며 나는 어떤 사람인지, 다른 사람과 함께 팀워크를 발휘해야 할 때는 어떤 노력이 필요한지 생각해 볼까요?

내가 되고 싶은 선수 고르기
① 흔들리지 않는 강한 마음으로 경기의 흐름을 책임지는 선발 투수
② 남다른 힘으로 홈런을 기록하며 대중의 이목을 집중시키는 타자
③ 작지만 다부진 몸에서 나오는 민첩함으로 내야 수비를 책임지는 수비수
④ 팀이 이끌어 온 경기를 마지막까지 안정적으로 지켜 나가는 마무리 투수
⑤ 타자의 수를 읽어 내는 심리 싸움에 능하고 투수의 마음을 다독이는 포수

내가 맡고 싶은 역할은

입니다.

위 역할을 선택한 까닭은……

팀워크 발휘하기

상대 팀을 이기기 위해서는 우리 팀만의 전략이 필요합니다. 야구는 상황에 맞게 전략을 쓰기 위해 팀원에게 손으로 자신의 생각을 전달할 수 있어요. 상대팀이 알아채지 못할 우리 팀만의 창의적인 수신호를 만들어 그림으로 그려 보세요.

투수에게 공을 높게 던지라고 전해요.	타자에게 공을 3루 쪽으로 치라고 전해요.
주자에게 투수가 공을 던지면 도루하라고 전해요.	수비수에게 경기장 바깥쪽으로 멀어지라고 전해요.

오타니 쇼헤이의 만다라트 계획표

손목 강화	위에서 공을 채서 던지기	각도 만들기	중심축 흔들리지 않기	몸통 강화	인스텝 개선	프런치 스쿼트 90kg	영양제 먹기	몸 관리
하체 중심으로 던지기	**구위**	힘 모으기	불안 없애기	**제구**	릴리스 포인트 안정	레어 스쿼트 130kg	**몸 만들기**	유연성
가동역 늘리기	회전수 증가	공을 앞에서 놓기	멘탈 컨트롤	몸을 일찍 열지 않기	하체 강화	식사 저녁 7숟가락 아침 3숟가락 더 먹기	가동역 늘리기	스태미나
체중 증가	하체 강화	디딤발로 회전해서 던지기	**구위**	**제구**	**몸 만들기**	머리는 차갑게 심장은 뜨겁게	일희일비 하지 않기	뚜렷한 목표, 목적 가지기

오타니는 고등학생 시절 세운 뚜렷한 목표와 계획을 꾸준히 실천한 것으로 유명해요. 만다라트는 활짝 피어나는 연꽃 모양으로 아이디어를 다양하게 발전해 나가는 방법입니다. 표의 모양이 불교의 '만다라'라는 문양과 비슷하게 생겨서 '만다라트(Mandal-Art)'라고 불러요.

어깨 주변 강화	스피드 160km/h	몸통 강화	스피드 160km/h	8구단 드래프트 1순위	멘탈	분위기에 휩쓸리지 않기	멘탈	위기에 강해지기
투구 수 늘리기	라이너로 강하게 캐치볼	가동역 늘리기	변화구	운	인간성	동료를 배려하는 마음	승리를 향한 집념	마음의 파도를 만들지 않기
슬라이더 구위 향상	포크 볼 완성	스트라이크 구종 늘리기	야구 부실 청소	쓰레기 줍기	인사하기	계획성	사랑받는 사람 되기	감성
좌타자 상대 결정구	변화구	낙차가 큰 느린 커브	심판을 존중하는 태도	운	야구 용품 소중히 다루기	감사	인간성	배려
거리를 상승하기	스트라이크처럼 보이는 제구	직구와 같은 폼으로 던지기	독서	응원받는 사람 되기	긍정적 사고	지속력	신뢰받는 사람 되기	예의

나만의 만다라트 계획표 만들기

 ## 1단계

내가 이루고 싶은 가장 핵심적인 꿈, 목표를
계획표의 한가운데 적어요. 오타니 쇼헤이의
목표는 '8구단 드래프트 1순위'였습니다.

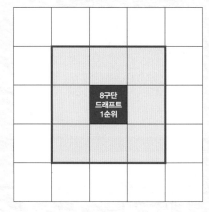

 ## 2단계

가운데 쓴 목표를 둘러싼 8개의 칸에
목표를 이루는 데 필요한 것들을 적어요.
이 8가지는 목표를 이루기 위한
세부 목표예요.

몸 만들기	제구	구위
멘털	8구단 드래프트 1순위	스피드 160km/h
인간성	운	변화구

3단계

8개의 세부 목표를 화살표가 가리키는 칸에
다시 적습니다. 그리고 세부 목표를 둘러싼 칸에
세부 목표를 이루기 위한 구체적인 방법들을
생각하여 적어요.

몸 관리	영양제 먹기	프런치 스쿼트 90kg	인스텝 개선	몸통 강화
유연성	몸 만들기	레어 스쿼트 130kg	릴리스 포인트 안정	제구
스태미나	가동역 늘리기	식사 저녁 7술가락 아침 3술가락 더 먹기	하체 강화	몸을 일찍 열지 않기
뚜렷한 목표, 목적 가지기	일희일비 하지 않기	머리는 차갑게 심장은 뜨겁게	몸 만들기	제구
위기에 강하게	멘털	분위기에 휩쓸리지 않기	멘털	8구단 드래프트 1수위

who? 한국사

초등 역사 공부의 첫 단추! '인물'을 알아야 시대가 보인다

● 선사·삼국　● 남북국　● 고려　● 조선

※ who? 한국사(전 47권) | 대상 초등학교 전 학년 | 책 크기 188×255 | 각 권 페이지 190쪽 내외

who? 인물 중국사

인물로 배우는 최고의 역사 이야기

※ who? 인물 중국사 (전 30권) | 대상 초등학교 전 학년 | 책 크기 188×255 | 각 권 페이지 190쪽 내외

who? 아티스트

최고의 명작을 탄생시킨 아티스트들을 만나다

● 문화·예술·언론·스포츠

※ who? 아티스트(전 40권) | 대상 초등학교 전 학년 | 책 크기 188×255 | 각 권 페이지 190쪽 내외

who? 인물 사이언스

기술로 세상을 발전시킨 과학자들의 이야기

※ who? 인물 사이언스 (전 40권) | 대상 초등학교 전 학년 | 책 크기 188×255 | 각 권 페이지 180쪽 내외

who? 세계 인물

세상을 바꾼 위대한 인물들의 이야기

※ who? 세계 인물 (전 40권) | 대상 초등학교 전 학년 | 책 크기 188×255 | 각 권 페이지 180쪽 내외

who? 스페셜 · K-pop

아이들이 가장 만나고 싶고, 닮고 싶은 현대 인물 이야기

※ who? 스페셜 · K-pop | 대상 초등학교 전 학년 | 책 크기 188×255 | 각 권 페이지 190쪽 내외